Dorothea Christ

Walter Sautter

*Für René Schnell,
erfreut über das
Wiedersehen im
Tessin im Mai 2001

Karin*

Ein Lyriker unter den Schweizer Malern   Texte von
Gertrud Wyss-Sautter
Dorothea Christ
Werner Weber

2. Auflage 1992
© 1978 Vontobel-Druck AG, Feldmeilen ZH
Gestaltung: Georg Seitz, Uetikon ZH
Fotolithos und Druck: Vontobel-Druck AG
Satz: Alpha Satz, Zürich
Einband: Buchbinderei Burkhardt, Mönchaltorf ZH
ISBN: 3 8596 5005 x
Printed in Switzerland

Seite 2: Portrait Walter Sautter
Foto: Margo Moore, San Francisco

Inhaltsverzeichnis

Jugendjahre 7
Der Künstler und sein Werk 21
Bemerkungen zum Motiv «Nacht» . . . 63
Biographische Angaben 123
Dank des Verlegers 127

Jugendjahre

Walter Sautter wurde 1911 in Zürich geboren und ist bei seinen Eltern in einem bürgerlichen Haus aufgewachsen. Mit zwei Schwestern lebte er da wohlgeborgen. Pünktlichkeit und Regelmässigkeit waren die Forderungen des Alltags. Ohne Begeisterung ging er zur Schule – sie war ihm zu einförmig. Er spielte oft wilde Spiele mit seinen Kameraden; manchmal aber sonderte er sich ab, schloss hinter sich das Gartentor und ging in sein stilles Zimmer. Dort, an seinem Pult, begann er zu zeichnen: zuerst auf seine Schiefertafel, da entstanden Gebilde, die ihn umtrieben: Luftballone, Dampfschiffe. Er kritzelte, wischte mit dem Finger wieder aus, sodass alles wie in einem Nebel nur noch durchschimmerte, und betrachtete es lange mit verträumten Augen. Da geschah es einmal, dass seine ordnungsliebende Schwester mit einem sauberen Schwamm seine Traumbilder auswischte. Der Bub weinte darüber und stellte sie nie mehr her.

Später, als er im Gymnasium war, zeichnete er auf jedes Stück Papier, auf die Buchumschläge und in die Bücher hinein. Er porträtierte, karikierte seine Lehrer und Kameraden, wenn er sich in den Schulstunden langweilte.

Er war befähigt, sich leidenschaftlich zu begeistern. In frühen Jahren war es das Theater, das in seinem Elternhaus eine grosse Rolle spielte. (Sein Vater war in jungen Jahren Schauspieler, später Theater- und Kunstkritiker.) Er lernte mit der ihm eigenen Ausdauer ganze Schiller'sche Szenen auswendig. Damals wurde jedes Jahr im Stadttheater Zürich (dem heutigen Opernhaus) Schillers «Wilhelm Tell» gespielt. Als Elfjähriger trat er dort zum ersten Mal als Walter Tell auf. Das Publikum mitreissend sang und spielte er während vier Jahren, bis er dieser Rolle stimmlich entwachsen war.

Oschwand liegt im Hügelland des Emmentals. Dort war eine Welt, scheinbar bäuerlich, ein Garten voller Obstbäume, am Rande ein riesiger Pflanzplatz, eine Fülle bunter Blumen. Eine grosse Familie arbeitete in dem sonnendurchglühten Garten, pflanzte, erntete. Der Herr dort war der Maler Cuno Amiet, und alles emsige Tun war eigentlich für ihn, drehte sich um ihn.

Walter war 11 Jahre alt, als er zum erstenmal auf die Oschwand kam. Es hatte sich wunderbar gefügt: Cuno Amiet war ein Vetter von Walters Mutter, die eine innige Freundschaft mit Frau Amiet verband. Schon bei seinem ersten Besuch wurde er mit grosser Herzlichkeit in die Gemeinschaft aufgenommen. Er, der bisher für sich gezeichnet und geprübelt hatte, sah plötzlich diese Welt, in deren Mittelpunkt die Malerei stand. Amiet, eine dominierende, strahlende Persönlichkeit, vom frühen Morgen bis zum Abend mit einer Glückseligkeit an seinen Bildern malend, weckte in dem Knaben Begeisterung und Sehnsucht. Hier durfte Walter während seiner Ferienzeit zuschauen, er durfte zuhören, wenn Amiet mit Freunden und Kollegen seine Werke besprach. Walter spürte bald, dass Cuno Amiet, trotz der Fülle der Bilder, die das grosse Atelier füllten, streng nach einem inneren Gesetz seine Farben sprühen liess. Walter durfte selbst fragen und wurde belehrt. Und er erfuhr schon als junger Mensch, dass das Bild einem Gesetz untersteht, einem Gesetz, das gegeben ist durch das Licht, das auf jedem Ding liegt. Er verarbeitete alle Erkenntnis. Vorerst unbewusst, zaghaft fing er an zu malen. Amiet wollte alles sehen, was der Anfänger machte, er besprach es ernst und streng mit ihm.

Zur Familie Amiet gehörte auch Bruno Hesse, ein Sohn des Dichters. Er war einige Jahre älter als Walter und hatte die Schulsorgen bereits hinter sich. Er war ein ruhiger, bedächtiger Jüngling, half bei den täglichen Arbeiten mit, besonders wenn die Kirschen reif waren, verschwand er oft ganze Tage lang in den hohen, fruchtbaren Bäumen und brachte reiche Ernte heim. Der ungestüme Walter fühlte sich hingezogen zu dem wortkargen Bruno, er folgte ihm überall hin und durchstreifte mit ihm die Umgebung, das üppige Bernerland. (Auch Bruno Hesse entschloss sich Landschaftsmaler zu werden.) Mit dem Velo unternahmen sie später zu zweit weite Fahrten, sie sahen gemeinsam Landschaften, besuchten Museen und Galerien, zeichneten und skizzierten. Die Augen des jungen Walter wurden geöffnet, nicht durch akademische Erziehung, sondern durch das aufmerksame Hinschauen und Betrachten, zu dem ihn Cuno Amiet angeleitet hatte. Oschwand war eine Welt voller Farbe und Licht, die Menschen offen und gütig, bereit zum Lachen und zu Neckereien. Das Zurückkehren in die Stadt und in die Schule war für Walter jedesmal ein hartes Umstellen und Verzichten, ein Ablenken von dem, was ihn zuinnerst erfreute und beschäftigte. Man fragte sich, von wem Walter denn das Talent, das ihn so früh zur Malerei hinzog, geerbt habe? Von seiner Mutter Rosa, die in ihrer Jugend – nach der damaligen Mode – wunderschön, mit Können und Sorgfalt gemalt und gezeichnet hatte. So konnte sie den Werdegang ihres Sohnes mit sensiblem Verständnis fördern. Auch der Vater, Emil Sautter, sah mit Stolz, dass in seinem Sohn ein Künstler heranwuchs, er hatte Vertrauen zu ihm. Aus seiner Tätigkeit als Kunstkritiker wusste er, dass der Weg zum musischen Beruf voller offener Fragen ist, und er bemühte sich, seinem Sohn eine kritische Stütze zu sein. Sein Wunsch aber war es, dass Walter zuvor das Literargymnasium mit der Matura beende. Walter tat es. Seine Berufung hatte er erkannt, Cuno Amiet hatte es ihm in jungen Jahren bestätigt: du bist ein Maler.

Gertrud Wyss

Selbstporträt, 1926
Oel auf Karton, 34,5x 28 cm

Porträt des Vaters, 1927
Oel auf Leinwand, 60x50 cm

Porträt der Mutter, 1929
Oel auf Leinwand, 61x50 cm

Paul Burkhard, 1937
Tempera auf Leinwand, 61,5x50,5 cm

Paul Burkhard, 1929
Oel auf Leinwand, 67,5x50,5 cm
Privatbesitz

Mondnacht, 1929
Oel auf Leinwand, 40x30,5 cm
Privatbesitz

Pincio, 1935
Aquarell, 20x27,5 cm
Privatbesitz

Damenbildnis, 1935
Oel auf Leinwand, 56,5x56 cm

Baumgarten Oschwand, 1930
Oel auf Leinwand, 38x46 cm
Privatbesitz

Jahrmarkt in Carouge, 1940
Oel auf Pavatex, 37x52,5 cm
Privatbesitz

Savigny-Platz Berlin, 1938
Tempera auf Leinwand, 81x100 cm

Familie bei Tisch, 1940
Oel auf Leinwand, ca. 50x61 cm
Stadt Zürich

Selbstporträt, 1934
Oel auf Leinwand, 81x65 cm
Kanton Zürich

Grossmutter, 1926
Bleistift, 20x18 cm

Porträt des Vaters, 1937
Tempera auf Leinwand, 80,5x60 cm

Der Künstler und sein Werk

Ein bürgerlicher Maler?

Versucht man gemeinsam mit Walter Sautter den Gang seines Lebens und die Entwicklung seines Schaffens zu rekapitulieren, so findet man in ihm einen Gesprächspartner, der unendlich hilfreich und bereitwillig Auskunft erteilt, der unermüdlich Bilder und Abbildungen hervorholt, immer wieder kommentiert: «das ist eigentlich ein gutes Bild – jenes befriedigt mich weniger; damals spielte dies und jenes für mich eine Rolle...» Es fallen aber auch immer wieder Hinweise auf Begegnungen und Erlebnisse, die für Sautter offenbar die leicht mitteilbaren sind: die liebevolle Erinnerung an die Eltern, die Freundschaft mit Paul Burkhard, die frühe Hodlerbegeisterung, die herrlichen Schulferien auf der Oschwand bei Amiet und dessen unschätzbare Förderung während der frühen Jahre künstlerischer Betätigung. Auch die Freundschaft mit Morgenthaler, Pauli, Meisser, Bänninger; die Gründung der eigenen Familie, die Arbeitszeiten im Tessin und die Reisen. Die Freude an den Kindern, den eigenen wie den Nichten und Neffen und all jenen, die ihm für Auftragsbildnisse Modell sassen, klingt auf. Die Erinnerung an Tiere und Landschaften wird lebendig. Die Hochschätzung für Kollegen – für solche, denen sich Sautter freundschaftlich oder in innerer Übereinstimmung verbunden weiss, kommt zum Ausdruck, aber auch die Achtung für solche, die ganz andere Wege gehen und Sautter künstlerisch völlig fernstehen. Sogar wenn er mit der Richtung eines Kunstbetriebes nicht einverstanden ist, bleibt Sautter in Distanziertheit höflich: er nimmt nie eine Kampfstellung ein. Unerfreulicheres übergeht er mit der Ökonomie desjenigen, der Interesse und Kraft ganz auf das ihn Fesselnde wendet, keine Lust hat, sich mit Abgetanem auseinanderzusetzen. Er lebt in der Gegenwart und mit den Aufgaben, die ihn jetzt beschäftigen. Darum ist es gar nicht leicht, ein Bild vom Leben dieses sich in Unauffälligkeit Tarnenden zu gewinnen. Eins schlägt immer wieder durch: das dankbare Zugeständnis, dass – äusserlich gesehen – sein Leben sich ohne bedrohliche Schwierigkeiten, ohne materielle Kämpfe und Katastrophen abspielen durfte. Die künstlerische Arbeit konnte sich vor einem ruhigen Lebenshintergrund entwickeln. Reisen und Ausland-Aufenthalte wurden immer wieder möglich.

Spektakuläre Ereignisse kennzeichnen dies Künstlerleben nicht. Es liegt fast wie das Musterbeispiel eines aus gut bürgerlichem Hause Stammenden vor uns: Jugend in einem kultivierten Milieu, in welchem Theater, Musik, Malerei, Literatur selbstverständlich zum Alltag gehörten, weder zum Kult noch zur Plage wurden. Man liess dem Kind von früh an die Freiheit zum Träumen und zu Spielen, die Schule wurde ungern, aber problemlos bewältigt. Man liess es ohne Bedenken zu, dass das Kind zeichnete, der Knabe zu malen begann und die gutmütigen Eltern Sonntag für Sonntag zu einer mehrstündigen Porträtsitzung in Beschlag nahm bis endlich die Signatur des Gymnasiasten die Vollendung der ersten Bildnisse besiegelte. Sie waren in unendlicher Kleinarbeit, Zentimeter um Zentimeter vorrückend, gemalt worden, nach Hodlerscher Manier getreulich der auf die Leinwand übertragenen quadrierten Zeichnung folgend. Man nahm es auch ohne Einwände hin, dass der junge Walter mit der wütenden Besessenheit des Halbwüchsigen sich Hodler mit Haut und Haaren verschrieb, dass er jede Ferienwoche bei Cuno Amiet auf der Oschwand verbrachte. Der Vater kannte ja aus seiner eigenen Jugendzeit die Ausschliesslichkeiten, durch die ein junger Mensch hindurch muss, wenn er ein Ziel schon erkennt und sich ihm nähern möchte. Die Mutter war wohl dankbar dafür, wenn ihr Vetter Cuno Amiet sich mit seinem strahlenden Temperament bei den Verwandten in Zürich meldete und Leben und Fröhlichkeit ins Haus brachte, über dem manchmal die Schatten der Melancholie ihres Gatten lagerten. Sie liess ihren Buben gern zum Vetter und seiner ihr eng befreundeten Frau auf die Oschwand ziehen.

Gefolgschaft und Ausbruch

Amiet muss sich damals als glänzender, überlegener Pädagoge bewährt haben: er liess den Knaben zusehen und zuhören, gab ihm ein wenig Malzeug, liess ihn in seinem Hodlerrausch gewähren, griff dann im rechten Moment ein: «komm heraus, schau dir einmal das an, lass deinen Zeichnungslehrer (Hodler) endlich einmal hocken…» und schmetterte eine Van Gogh-Publikation auf den Tisch. Wichtiger noch waren die direkten Anweisungen während des Malertages: es ergab sich so von selbst, dass der Pinsel allmählich lockerer in der Hand sass, dass nach der poetischen *Mondnacht, 1929* (die nicht etwa eine verkappte Selbstdarstellung ist, sondern die Erinnerung an eine mit Bruno Hesse zeichnend verbrachte Mondnacht im Freien) 1930 dann ein heller, locker gemalter Vorfrühlingstag, der *Baumgarten auf der Oschwand* mit kühlen, saftigen Farben und kühnen Obstbaumarabesken im Stile Amiets entstand. Im Umgang mit Amiet den Wert von Farbtönen, von Helligkeitsgraden, eines klaren Kompositionsgerüstes kennen zu lernen, das bedeutete einen ersten Schritt zur Selbstfindung.

Die Loslösung von Amiet bedeutete dann den zweiten Schritt, der von Sautter selber als schwere Krise durchlebt werden musste. Für Amiet muss es ebenfalls ein zwiespältiges Erlebnis gewesen sein, als sein kleiner Verwandter, sein Schüler, von einem mehrwöchigen Aufenthalt in Paris mit neuen Ideen im Kopf auf die Oschwand zurückkehrte. Die Eltern hatten dem Sohn nach bestandener Maturitätsprüfung am Literargymnasium diesen ersten längeren Ausland-Aufenthalt bewilligt, bevor er die eigentliche Lehrzeit bei Amiet antreten sollte. Sautter hat die Chance voll genützt. In Paris traf er 1930 mit Ernst Morgenthaler zusammen und gelangte damit an einen wunderbaren Vermittler, zu neuen Wahrnehmungen, Erkenntnissen und Möglichkeiten.

Mit dem um vierundzwanzig Jahre älteren Morgenthaler verbindet den jungen Sautter nun ein ganz anderes Verhältnis als mit dem väterlichen Lehrer Amiet. Es entwickelt sich kein Lehrer/Schüler-Verhältnis. Der ältere Freund, der sich 1929 mit seiner Familie in Meudon niedergelassen hatte, kennt Paris, kennt die Galerien und Museen und die Arbeit zeitgenössischer Kollegen. Er kann dem jungen Anfänger Gesprächspartner sein bei gemeinsamen Galeriebesuchen, kann führen ohne zu lehren – er ist ja selber erst seit einem Jahr von Zürich abgelöst und eben im Begriff, Paris und seine Malerei in sich aufzunehmen. Sautters Lernbegabung konnte hier folgen. Sie beruht nicht auf der Neigung zu werkstattmässiger Gefolgschaft, sondern auf der Fähigkeit, wachsam aufzunehmen, selbständig zu wägen und zu verarbeiten. Eine systematische Schulung im Malen hat er bei Morgenthaler so wenig gehabt wie sonstwo – aber er durfte vom stimulierenden Umgang mit einem aufgeschlossenen, handwerklich erfahrenen und selber auch noch auf dem Weg des Suchens begriffenen Menschen profitieren. Das war es genau, was Sautters damaliger Lage entsprach. Später allerdings hat er von Morgenthaler auch handwerklich gelernt: als sie nach dem Krieg gemeinsam ins Roussillon fuhren und Morgenthaler seinen Begleiter auf den Geschmack am Aquarellieren brachte.

Sautters Ablösung von Amiet war notwendig, weil ihn ja Neugier und Empfänglichkeit für eine helle, weichere, in ihrer Tonigkeit leichtere Malerei – wie er sie während der ersten Pariserzeit etwa in Bildern von Bonnard oder Matisse kennen lernte – einen Schritt weiter führte auf seiner eigenen Bahn. Für Amiet war das damals nicht akzeptabel. Aus der geplanten «Lehrzeit» auf der Oschwand wurde nichts, Sautter kehrte bald darauf nach Paris zurück und suchte sich –

eher unsystematisch – an Privatakademien wie Colarossi, Ranson, der Grande Chaumière weiter zu bilden. Viel später hat sich das freundschaftliche Verhältnis zu Amiet wieder hergestellt. Die um 1960 entstandenen Bildnisse Sautters von Amiet bezeugen es; Sautter stattete damals schon längst wieder Amiet einen jährlichen Besuch ab und wurde auch von Amiet in seinem eigenen Zumikoner Heim aufgesucht. Er hat es dem Meister auf der Oschwand nie vergessen, dass dieser den Anfänger schon während der Schulzeit aus dem verbissenen Alleingang gelöst und ihn auf die Bahn einer selbständigen Entwicklung geführt hatte.

Solche Geburtshelferdienste hat Amiet ja manchen jungen Künstlern geleistet. Das sprühende Temperament, die malerische Phantasie, die Fähigkeit selber schöpferisch aufzunehmen und weiterzuentwickeln, machten ihn zum guten Pädagogen, auch wenn die Schüler dann später ganz andere Wege gingen. Ernst Morgenthaler erzählt in seinen «Aufzeichnungen zu einer Geschichte meiner Jugend», die 1957 in Bern veröffentlicht wurden, wie ihm 1914/1915 Amiet «frischen Wind in die schlaffen Segel geblasen habe». 1918 kam der einundzwanzigjährige Albert Müller aus Basel zu Amiet auf die Oschwand. 1920/21 malt und zeichnet Amiets Patenkind Alberto Giacometti im Atelier seines Paten. Von 1920 an arbeitete Bruno Hesse bei Amiet, gleichzeitig mit Walter Sautter. Viel später, 1947, begann Peter Thalmann, der Sohn von Amiets Adoptivtochter, seine Ausbildung bei Amiet. Das sind Beispiele ganz verschiedener Malertemperamente, die sich unter Amiets Einfluss weiterentwickelt und gefestigt haben.

Bei all dem überlegt man sich, dass es für alle diese Künstler offenbar wichtig war, innerhalb einer gewissen Gleichgestimmtheit Förderung und Impulse zu erfahren ohne sich einer erdrückenden Meisterfigur ergeben zu müssen. Amiet auf der Oschwand ist ein Ausgangspunkt gewesen für viele Schweizer Künstler, die sich nicht gewaltsam in eine ihnen wesensfremde Kunstszene stürzen lassen wollten. Eine Amiet-Schule hat sich dennoch nicht gebildet. Eine Strömung zeichnet sich jedoch innerhalb der Schweizer Malerei ab, die gegenüber spektakulären neuen Tendenzen im Blickfeld jener, die in der «Entwicklung» der Malerei so etwas wie ein konsequentes Fortschreiten sehen und ein unablässiges Überwinden der Tradition fordern, eher in den Hintergrund tritt: die Maler, die über den Umbruch der 30er Jahre und vor allem über die Umwälzungen der Nachkriegszeit bei der gegenständlichen Darstellung ihrer Erlebnisbereiche geblieben sind und die traditionelle Ölmalerei beibehalten haben.

Noch eine dritte Künstlerfreundschaft wurde später für Walter Sautter wichtig: die Beziehung zu Fritz Pauli, den er 1940 in der Tessiner Zurückgezogenheit von Cavigliano aufsuchte, und mit dem er dann wochenlang zusammen arbeitete. Auch dort war es so, dass Paulis Kunst nicht einen abrupten Neubeginn für Sautters Arbeit bewirkt hätte. Sautter hatte seinen Weg schon eingeschlagen. Aber er zählt zu den Künstlern, die gern mit andern Künstlern im Kontakt stehen, die gerne zeitweise gemeinsam mit einem Kollegen arbeiten. Die Nähe eines Freundes, der an ähnlichen Problemen interessiert ist, ohne dass die Art des einen den andern dominiert, bedeutet für Sautter Anregung und Erfrischung. Von Pauli erfuhr Sautter in einer Periode eigener Entwicklung die Bestätigung, dass man in seinen Gemälden auch menschliche Aussagen zum Ausdruck bringen darf, dass Zurückgezogenheit nicht Unangefochtenheit bedeutet, jedoch Sammlung und Kraft vermittelt.

Ähnlich hat Sautter später mit Leonhard Meisser und Anny Vonzun in Graubünden gemalt, oder auf Mittelmeerreisen mit Adrien Holy und andern Eindrücke aufgenommen und verarbeitet. Es ist nie so, dass Sautter zur Gemeinsamkeit einer Gruppenbildung tendiert hätte, die auf Auffassung und Ausdrucksweise bestimmenden Einfluss ausgeübt hätte – dazu ist er zu sehr Individualist, liebt er die Konzentration auf die ihm selber zufallenden und ihn fesselnden Themen zu sehr.

Freunde und Kollegen

Ein Alleingänger, aber ohne irgendwelche Züge von Aussenseitertum zu kultivieren, war Sautter von je. Andrerseits ist ihm – das entspricht seiner Urbanität – eine ausgesprochene Begabung zur Freundschaft eigen. So ist es vielleicht doch sinnvoll, hier jene Künstler zu nennen, denen Sautter freundschaftlich nahesteht und mit denen ihn auch meist das unprogrammatische Festhalten am gegenständlichen Darstellen verbindet. Es sind Künstlerfreundschaften, die sich in Paris, in Zürich, im Tessin oder bei gemeinsamen Unternehmungen ergeben haben. Und sie beschränken sich durchaus nicht auf ein Verbundenheitsgefühl mit der eigenen Generation.

Von den Älteren steht am Anfang Cuno Amiet (1868–1961), mit dem Sautter nach dem Festigen der eigenen Persönlichkeit eine respektvolle Freundschaft verband. Ernst Morgenthaler (1887–1962) war der zweite grosse Malerfreund und freundschaftliche Mentor. Aus dem Kreis um Morgenthaler, der sich nach der Niederlassung Morgenthalers in Höngg bildete, wurden die Bildhauer Karl Geiser (1897–1957), Hermann Hubacher (1885–1976), Otto Bänninger (1897–1973) und der Maler Johann von Tscharner (1886–1946) zu Freunden. Den Maler Fritz Pauli (1891–1968) suchte Sautter im Tessin auf und blieb ihm bis zum Tode freundschaftlich verbunden.

Zu den ungefähr gleichaltrigen Freunden, die zwischen 1901 und 1916 geboren wurden, zählen: Rudolf Zender (geb. 1901); Leonhard Meisser (1902–1977) und seine Frau Anny Vonzun (geb. 1910); Adolf Funk (geb. 1903) und seine Frau, die Textilkünstlerin Lissy Funk (geb. 1909); Hans Fischer, genannt Fis (1909–1958); Max Truninger (geb. 1910); die Bildhauer Hildi Hess (geb. 1911) und Hugo Imfeld (geb. 1916); die Maler Eugen Früh (1914–1975) und dessen Frau Erna Yoshida Blenk (geb. 1913), Hanny Fries (geb. 1918) und andere.

Mit jüngeren Malern hat Walter Sautter auch Freundschaften geschlossen: mit Henri Schmid und H.A. Sigg (beide 1924 geboren); mit Karl Landolt (geb. 1925), Bruno Bischofberger (geb. 1926).

Das alles sind Kollegenfreundschaften, die auf künstlerischen Gemeinsamkeiten oder auf gegenseitiger Schätzung beruhen. Die Maler Albert Pfister (1874–1978) Heinrich Müller (1903–1978), Karl Madritsch (geb. 1908), Eugen Häfelfinger (geb. 1898) und andere Kollegen hat Sautter porträtiert, weil sie ihn als Persönlichkeiten wie als Künstler interessierten. Die trockene Aufzählung von Daten mag verdeutlichen, dass Sautter ein flexibler Mensch ist, dem Generationenunterschied keine Schranke bildet, die man nicht überspringen könnte.

Auch mit Musikern, Literaten, Schauspielern, Galeristen und Kaufleuten schloss Sautter Freundschaften; viele von ihnen hat er porträtiert: Hans Kasser, Urs Schwarz, J.E. Wolfensberger, Leonard Steckel, Max Frisch, Hannes Reimann. Die tiefste Freundschaft verband Sautter mit Paul Burkhard, sie hielt von der Primarschule an bis zum frühen Tod des Musikers. Die Aufzählung all dieser Namen will nicht mehr sein als der Versuch, skizzenhaft den Bereich anzudeuten, in dem sich der Mensch und Künstler Sautter bewegt. Es wären noch manche Namen anzufügen. Die Genannten stehen hier, weil sie ein Licht werfen auf die vielseitigen Interessen Sautters und auf sein menschliches Teilnehmen an der Tätigkeit ganz verschieden Gearteter.

*Kunst im Lande – Landeskunst
Wo steht Sautter?*

Wie steht es ausserhalb dieser persönlichen Sphäre der Freundschaft und Kollegialität? Wo steht Sautter auf dem weiten Felde der

Schweizer Kunst? Vielmehr: was wird, seit Sautter aktiv wurde, als «Schweizer Kunst» öffentlich dekretiert? Man darf da leider nicht den geschichtlichen Darstellungen folgen, die im Nachhinein vom heutigen Gesichtspunkt aus hervorragende Persönlichkeiten und ihre Leistungen herausgreifen und daran eine sehr ansehnliche Geschichte der Schweizer Kunst entwickeln. Das hat Hans Christoph von Tavel in seinem 1969 erschienenen Buch «Ein Jahrhundert Schweizer Kunst» tun und von Barthélémy Menn bis Alberto Giacometti einen Höhenweg grosser Künstlerleistungen zeichnen können, auf dem auch Aussenseiter wie etwa Louis Soutter kraft ihrer Leistung ihren Standort haben.

Die Wirklichkeit im kunstpolitischen Alltag sieht für den Zeitgenossen anders aus. Es sind und bleiben eben doch die «offiziellen» Kunstvereine und Künstlerverbände, die das jeweilige Klima so vermitteln, wie es die Öffentlichkeit erlebt und die Künstler es mitleiden müssen. Mit Werturteilen hat das nichts zu tun – es spiegelt sich darin eher eine Kulturgeschichte wohlmeinenden Suchens, verpasster Gelegenheiten, lobenswerter Anstrengung und – heute wie eh – ungerechter Akzentsetzung. Die Periode von Walter Sautters Aktivität ist die Epoche, in der sich unendlich langsam die Abwendung vom traditionellen, gegenständlichen Bilden zu einer kühlen oder expressiven Kunst der ungegenständlichen Sprache vollzieht. Zuerst in der langsamen Integration der Avantgardisten der Vorkriegszeit, die sich in aufsehenerregenden Protestausstellungen Gehör verschaffen und sich übel apostrophieren lassen mussten; dann in einem (nun auch schon wieder offiziell verankerten, normativen) «Avantgardismus» der Nachkriegszeit, der etwa mit der figurativen Malerei der Vorkriegszeit nichts mehr zu tun haben will, die Berechtigung früherer Thematik verneint und neue, der Gegenwartsentwicklung angepasste Themen verlangt. Wie wäre sonst die rhethorische oder naive Frage heutiger Ausstellungsleiter möglich «Wer ist

Maurice Barraud – wer ist Emil Schill?»! Ein Blick in die Ausstellungskataloge repräsentativer schweizerischer und regionaler Kunstveranstaltungen zwischen 1935 und 1966 lässt den Verlauf dieser Umbruchphase einigermassen erkennen. Das 1965 veröffentlichte Jubiläumsbuch der Gesellschaft Schweizerischer Maler, Bildhauer und Architekten zum 100jährigen Bestehen der Gesellschaft trägt im übrigen seinerseits zur Verdeutlichung bei.

1935 fand im Kunsthaus Zürich die 26. Ausstellung der GSMBA statt, zugleich Jubiläums-Ausstellung zum 70jährigen Bestehen dieser Gesellschaft und zum 25jährigen Bestehen des Zürcher Kunsthauses. Diese Ausstellung bot in ihrer Verschmelzung der traditionellen Veranstaltungen des Schweizerischen Kunstvereins, der Eidgenössischen Kunstkommission (Turnus und Salon) mit der Ausstellung der Berufsgesellschaft GSMBA einen Überblick über Malerei und Plastik der Schweiz, in dem sich die Zeit wohl repräsentativ hätte spiegeln sollen. Selbstverständlich waren die bewährten Klassiker: Amiet, Auberjonois, Boss, Cardinaux, Giovanni Giacometti, Louis Moilliet, Schill, Soldenhoff, Pierre-Eugène Vibert dabei. Und selbstverständlich waren alle damals in der Reife ihres Schaffens Stehenden und auch die jungen Begabungen, die sich schon profiliert hatten, dabei. Ebenso selbstverständlich keiner der Surrealisten, keiner der Konkreten, kein ungegenständliches Werk. Walter Sautter konnte sich damals noch gar nicht unter den Teilnehmern befinden, er wurde erst im folgenden Jahr Mitglied der GSMBA.

Dagegen figuriert er in der Ausstellung «Zeichnen/Malen/Formen», die im Rahmen der Schweizerischen Landesausstellung 1939 in Zürich organisiert wurde und deren Abteilung «Kunst der Gegenwart» grossenteils im Kunsthaus gezeigt wurde. Da war der 28jährige gleich mit drei Werken vertreten, mit zwei Landschaften und dem in Paris gemalten *Selbstbildnis, 1934*, das aus der Ausstellung direkt vom Kanton Zürich angekauft wurde.

Die Art, wie der Maler sich mit dreiundzwanzig Jahren selber sieht, wirft ein gutes Licht auf das Wesen des jungen Malers – auf den Künstler Sautter überhaupt. Er steht sich selber völlig unpathetisch, aber hellwach die eigene Person beobachtend gegenüber, frontal dem Betrachter zugewendet, aber in gelöster Haltung. Ohne alle Interieurausstattung und ohne Attribute kommt der Künstler aus – die malerische Stimmung des flächigen Hintergrunds ist es allein, die dem Bild Klima und dem Dargestellten Halt gibt. Karg, aufmerksam, sorgfältig zarte Tonwerte beobachtend, die Bildfläche respektierend – so präsentiert sich dieses Bild, das für Sautter zum ersten öffentlichen Erfolg wurde. – In dieser Landi-Kunstausstellung tauchen übrigens erstmals Künstler wie Bill, Brignoni, Leuppi, Wiemken im offiziellen Rahmen auf; von Leuppi wird sogar «Komposition, 1939» im Katalog reproduziert. Aber das Feld beherrschen selbstverständlich fast ausschliesslich die traditionell Gegenständlichen.

Aus dem Katalog der 20. Nationalen Kunstausstellung 1941 im Kunstmuseum Luzern ist deutlich zu sehen, wie sich der «Landi-Stil» nun auch unter den Künstlern festgesetzt hat: die nackten und bekleideten Mädchen der Bildhauer geben sich bei aller Klassizität erdenschwer; die bäuerlichen Szenen der Maler wirken betont der Scholle verbunden und der Weihe des Alltagslebens verpflichtet, die Gestalten sind erfüllt von bedeutungsvollem Ernst. Brignoni und Leuppi wurden aufgenommen in die Hallen dieser Nationalen, sonst fehlen eigentlich alle, die wir heute als die Pioniere von damals bezeichnen würden. Natürlich ist die Tatsache der Gegenständlichkeit und die Art der Motivwahl noch lange kein Kriterium für gute oder schlechte Qualität, nicht einmal ein Gradmesser für Aktualität – soviel haben wir inzwischen wohl eingesehen. Aber aus der Bevorzugung der traditionellen Malerei, wie sie sich damals in Luzern äusserte, können wir uns wohl auch den Grimm der Gegner und die Heftigkeit der nachmals folgenden Reaktion erklären. – Walter Sautter war damals mit dem *Herrenbildnis, 1941* vertreten, dem Porträt des inzwischen invalid gewordenen Vaters, der mit demselben bohrenden Blick aus seinem Lehnstuhl dem Betrachter entgegenblickt wie auch der dreiundzwanzigjährige Sohn ihn im *Selbstbildnis, 1934* auf uns richtet. Hervorragend – und irgendwie weit entfernt von der Treuherzigkeit der damals üblichen Interieurmalerei – ist der Gebrauch, den der junge Maler von Gegenständen und Atmosphäre des Wohnzimmers macht. Der Fauteuil des alten Mannes steht isoliert im fast leeren Raum und schiebt den Greis dem Betrachter entgegen; Wehrlosigkeit, Isolierung und straffe Disziplin zur Wahrung der Selbstbehauptung werden vom Maler erfasst und mit bildnerischen Mitteln zum Ausdruck gebracht. Sautter hat Würde und Resignation des alten Mannes schon im *Bildnis des Vaters mit dem Krückstock, 1937* überzeugend dargestellt. Im *Herrenbildnis, 1941* kann er die Spannung zwischen Gestalt und Raum einbeziehen. Sein Bild stand im Rahmen jener Ausstellung für sich allein – ihn interessiert auch im Krieg, auch in der Zeit nationaler Schlagworte und künstlerischer Kampfstellung in erster Linie der Mensch als Individuum und nicht dessen Rolle. Es spiegelt sich bei ihm auch im individuellen Bildnis der Geist der Zeit, das Schicksalsschwere und Bedrückende. Wie immer geht die Auseinandersetzung mit einem Gegenüber ohne Theatralik und ohne Pathos vor sich. In seiner Haltung ist Sautter damals einer der Modernen gewesen, die den Problemen des menschlichen Daseins nachgingen. In seinen Ausdrucksmitteln fragte er allerdings nicht nach den Formulierungen der Modernisten.

In der Schweizerischen Kunstausstellung 1951, die zehn Jahre später in Bern stattfand, wandelt sich das Gesamtbild entschieden. Surrealismus und magischer Realismus nehmen breiteren Raum ein, Traumerleben und hinterfragte Erscheinungswelt werden für viele zum Thema; die Ungegenständlichen sind im Vormarsch. Im Jahr darauf werden ja in Bern unter Konservator Arnold Rüdlinger dann die «Tendences actuelles de Paris I» und eine Léger-Ausstellung gezeigt. Die Aufnahme dieser Kunst bei Kritikern und Publikum wirft ein Licht darauf, dass sich nun auch in der Schweiz langsam ein Umschwung vorbereitet. Aber Walter Bodmer, Leuppi, Lohse, Ödön Koch bleiben noch weit in der Minderzahl mit ihren ungegenständlichen Werken. – Walter Sautter war mit einem Selbstbildnis und einem Interieur vertreten.

Die Schweizerische Kunstausstellung 1956 in der Basler Halle der Mustermesse Basel verändert das Gesamtbild erheblich. Die Gruppe der Ungegenständlichen tritt schon im Abbildungsteil hervor; das bedeutet bei der damals strengen Jury (deren Gebaren denn auch viel Anfeindung erfuhr), dass man die «neuen» Impulse (wie klassisch waren sie im Grunde schon!) als besonders stimulierend hervorhob. – Walter Sautter stellte zwei Landschaften und ein Doppelporträt aus.

Die 27. GSMBA-Ausstellung 1963 in Zürich zeigt den Wandel noch deutlicher. Den «Abstrakten» der ersten Generation, den Konkreten und Konstruktivisten gesellen sich nun junge Künstler, die mit ihren ungegenständlichen, «informellen» Bildgestaltungen andere Themen und Aussagen suchen: Fedier, von Mutzenbecher, Schinner, Spescha. Das friedliche Nebeneinander von Avantgarde und Bewährten ist aus der Sicht der Kritiker noch gewahrt. – Walter Sautter stellt einen *Kanal in Venedig* und das grosse Atelierbild mit dem greisen *Cuno Amiet an der Staffelei* aus, das 1962 entstanden ist. Es ist ein nur scheinbar harmloses, fast steif komponiertes Bild mit seiner spröden Fensterteilung; der kleine, gebückte alte Herr steht im riesigen Raum im Profil vor der stark verkürzten Staffelei wie ein Alchemist vor dem Tiegel. Das Geheimnisvolle liegt in der Verschmelzung von Aussen und Innenraum, im Eindringen einer traumhaft zarten Landschaft, die mit ihrem Schein den Abendglanz im Arbeitsraum des alten Meisters erhellt. Es ist wieder eines jener Bildnisse, die – ohne sie zu verabsolutieren – die Umwelt des Menschen als Zeugnis der sie erfüllenden Persönlichkeit ernstnehmen, so wie es beim Bildnis des Vaters, bei vielen Bildnissen Sautters überhaupt der Fall ist.

Das Sensorium für die Bedeutung einer solchen Thematik, die weder sozialkämpferisch aufgeladen noch dokumentarisch oder allegorisch überwertet wird, geht dann der Kunst der Kommenden weitgehend verloren. Die Ausstellungen, die wie eine oppositionelle Selbstbehauptung sich gegen das Gewohnte, Hergebrachte stellen, im Entlarven oder Zerstören der etablierten heilen Welt ihr Ziel sehen, häufen sich in Privatgalerien und in den offiziellen Veranstaltungen. Der Durchbruch einer «neuen Kunst», die sich mit der veränderten Situation der Gegenwart auseinandersetzt, führte vielfach in einen doch ziemlich sterilen Kult der Jungen. Es folgen sich wie Glieder einer Kette in den Jahren um 1970 überall die Ausstellungstypen «30 junge...», «42 junge...». Haben diese Jungen ihre Reife erreicht, so ist auch ihnen meist nicht mehr die Publizität gesichert – irgendwie rennt der Ausstellungsbetrieb in Synkopen den Avantgardisten nach. Das alles ist nicht weiter zu kritisieren, es hat auch seine guten Seiten. Aber es fördert die Vergesslichkeit – oder sagen wir: es mässigt die Aufmerksamkeit gegenüber einem ganzen Bestand von Künstlern, die nicht umgestellt haben auf die Sprache der Nachkriegszeit. Es dämpft vor allem das Sehvermögen gegenüber Leistungen, die ausserhalb des Trends liegen.

Walter Sautter figuriert weiterhin auf Ausstellungslisten. Aber die Teilnahme an thematisch determinierten GSMBA-Ausstellungen, wie sie heute auf dem Programm stehen, interessiert ihn weniger. Er hält an der Überzeugung fest, dass Künstler nicht in erster Linie Chronik-Verfasser der Umweltzustände sind, dass sie dagegen unabhängig von Gegenwartsaktualitäten frei bleiben dürfen in der Wahl ihrer Bildgegenstände und in der Wahl ihrer Darstellungsmittel. Da er kein kämpferischer Mensch ist, hat Sautter sich nie lauthals für etwas anderes als für Qualität im Rahmen der künstlerischen Individualität des Einzelnen eingesetzt, sich darum auch nie einer Gruppe oder einer Richtung zugerechnet. Er hat als Einzelgänger begonnen und ist als Einzelgänger seinen Weg weiter gegangen. Er hat sich nie als Revolutionär und Neuerer verstanden – er ist, gesehen aufs Ganze, auch keiner. Die Qualität seiner Kunst liegt in der Konsequenz, mit der er seine persönliche Begabung nutzt. Sie hat sich in den ersten Bildern, noch unter dem Schirm von Amiet, entfaltet und sich später vertieft in der Gabe der Einfühlung, in der Fähigkeit Harmonie, Gefährdung und Veränderung von Menschen, Natur und Umwelt zu erfassen. So ist es einleuchtend, dass man den Ort in der Schweizer Topographie der Gegenwartskunst schwer finden kann, wo man diesen 1911 Geborenen ansiedeln könnte. Er ist kein Rückwärtsgewandter, er ist kein Modernist. Er ist ein Zürcher Maler mit Namen Walter Sautter.

Was und wie malt Walter Sautter?

Das ganze, bis heute vorliegende Schaffen Sautters liesse sich in kurzen Formulierungen umschreiben: Zeichnung, Aquarell und Staffeleibild machen materiell gesehen das Hauptarbeitsfeld aus; Bildnis, Interieur und Landschaft sind Motive, die bei Sautter vorherrschen; das Thema führt immer in die Richtung einer Wirklichkeitserfassung, die geprägt ist von innerer Teilnahme am Gegenüber, die der Objektivität der Erscheinung aber nicht Gewalt antut.

Die Bildnisse: die ersten Arbeiten sind Porträtdarstellungen. Im Selbstbildnis des Fünfzehnjährigen herrscht Hodler. In den schön ausgeführten Porträts von Vater und

Mutter, die der 16- und 18jährige malt, verschafft sich eine andere Gesinnung Ausdruck. Es ist schon vorbei mit dem jugendlich-theatralischen Pathos, das Sautter in seiner ersten Selbstdarstellung im Konfirmandenalter vorträgt. Jetzt geht es ihm darum, Gestalt und Gesichtszüge minutiös und wahrheitsgetreu zur Darstellung zu bringen, die Attribute von Kleidung, Schmuck, Feder des dichtenden Vaters gewissenhaft einzubeziehen und dem verehrten Modell die Ehre altmeisterlicher Malperfektion zu widmen. Im frühen, noch in der Schulzeit entstandenen Porträt des Freundes Paul Burkhard spricht persönliche Interpretation schon mehr mit. Es sind konventionelle Bilder – aber sie weisen darauf hin, dass Sautter sich mit unendlicher Hingabe und grosser Einfühlung seinem Modell nähert.

Die Sicherheit im Handwerklichen, die Erweiterung des Blickwinkels, die Lösung aus der Fixierung auf den Hauptgegenstand des Bildes – Gesicht und Körper des Modells – gewinnt Sautter rasch während der Aufenthalte bei Amiet und vor allem in Paris. Schon die *Alte Dame am Fenster, 1935*, das *Porträt Paul Burkhard, 1937* und das ergreifende Bildnis des Vaters aus dem selben Jahr während der Krankheit der Mutter zeigen, wie Sautter nun Farbgebung und Lichtqualität in den Dienst der Aussage nimmt.

Zwei Bildnisse, die das Modell im Rahmen des ihm zugehörigen Interieurs darstellen, die rund ein Jahrzehnt später entstanden sind, machen auch deutlich, wie Sautter ein Milieu zur Szenerie für das Modell werden lassen kann. Mit der Sicherheit des guten Regisseurs plaziert er sein Modell so darin, dass dessen besondere Gemütslage sich im Verhalten zur Umwelt spiegelt. In den Selbstbildnissen von 1946 steht der Maler bei der Arbeit im fast kahlen Atelierraum. Das Licht fliesst von oben über Hut, Schultern und Hände; Gesicht und Körper bleiben im Dunkeln; die Isolierung der Gestalt vor der Leere des Raums vermittelt etwas von der Isolierung des Künstlers, wenn ihm bei konzentrierter Arbeit nur die Kommunikation mit dem Werk selber möglich bleibt. – Das Bildnis der kleinen Nichte *Franziska, 1947* folgt einem andern Kompositionsprinzip und bringt doch ähnliches zum Ausdruck. Hier hebt sich das Kind wie ein helles Geistlein aus dem schweren Fauteuil in der dunklen Kaminecke ab – fremd und verloren in der vierschrötigen Welt der Erwachsenen, schwerelos eher schwebend als sitzend auf dem handfesten Polstermöbel, hell und in sich versunken in die linke, dunkle Bildhälfte hinüberträumend. Schon in der ersten Schaffenszeit hat Sautter die Fähigkeit gewonnen, aus dem Zusammenspiel von Mensch und Umwelt oder aus der Spannung zwischen Person und Umgebung eine Aussage zu gewinnen, die die innere Situation des Dargestellten kennzeichnet. Das bleibt so bis in die Bildnisse des alten Amiet um 1960. Es trifft aber auch auf Personen zu, die dem Maler weniger nah standen: auf den schwer sich auf die Tischplatte stützenden *Bauer, 1942* und auf die *Elena, 1944*.

In der Darstellung der eigenen Familie, der Gattin, der Kinder und anderer naher Verwandter spielt das Zusammenklingen von Persönlichkeit, Kleidung, Möbel und Raum dieselbe wichtige Rolle. Manchmal lässt Sautter seinem trockenen Humor etwas die Zügel schiessen: wenn der Sohn David sich zum Beatle mausert, die heranwachsende Tochter Catherine ihr Buch wie eine Barrikade zwischen sich und den Betrachter postiert, wenn die Schwiegermutter in altfrauenhafter Geschäftigkeit sich ihrem Strickzeug widmet und die Gattin ein kolossal keckes Béret oder einen prächtigen Pelzhut trägt. Da bringen Kleidung und Requisiten etwas Erzählerisches ins Bild – aber es werden keine anekdotischen Genreszenen daraus. Das gegenständliche Beiwerk dient der Präzisierung der Persönlichkeitsaussage. Es hat keinen Eigenwert, man empfindet es auch nicht als belastende Zugabe. Es dient in seiner Stofflichkeit, in Formen und Farben der Charakterisierung des Modells und dessen Situation.

So verhält es sich auch bei den Bildnissen von Kollegen und Freunden, auch bei den Auftragsbildnissen, die Sautter als eine interessante Aufgabe auffasst, bei der sich Einfühlung und Erfassungsvermögen bewähren können. Weil er sich für Menschen interessiert, kann ihm ja auch das Auftragsbildnis niemals zur Schablonenarbeit werden. Nie würde es Sautter einfallen, das Charakteristische einer Persönlichkeit durch expressives Chargieren, durch Karikieren gar hervorzuheben. Fast alle Modelle, die Sautter im Atelier sassen, wurden auf dem selben bequemen Louis-Philippe-Fauteuil plaziert. Immer wieder spielt der Rundbogen der Rückenlehne die Rolle der linearen Arabeske, die die Figur umschliesst. Aber manchmal ist die Form weicher, manchmal steifer – das Ornament passt sich dem Charakter des Dargestellten an. Es beengt oder schützt, es steigert oder sänftigt. Es vermag zur Persönlichkeit des Dargestellten ebensoviel auszusagen wie Kleidung und Gestik. Das ist eine verhaltene Art der Charakterisierung. Wenn Porträtieren zugleich immer auch Entlarven bedeutet – so entlarvt Sautter seine Modelle nie schonungslos oder gar schamlos. Sich selber erweist er als einen Menschen, der die Souveränität des Künstlers über seine Modelle nicht missbraucht. Er könnte es gar nicht! Ihm ist menschliches Wesen und menschliche Erscheinung ein Phänomen, das ihm wie die Gewächse und Landschaften der Schöpfung zumindest bemerkenswert, in den meisten Fällen aber auch liebenswert vorkommt.

Was für das Einzelporträt gilt, gilt auch für Interieurs, für menschliche Behausungen und Lebensräume. Atelierszene, häusliche Winkel, Metrostation und Zirkuszelt sind in ihrer Beziehung zu den Bewohnern und Benützern gesehen. Auch der Konzertsaal, der Kirchenraum. In Atelier- und Wohngemach, in Krankenzimmer, Wirtshausecke, Studier- und Spielzimmer verdichtet sich die Intimität des Vertrauten, die Aktivität sammelt sich im Revier des täglichen Lebens. In den grossen Räumen, wo anonyme Massen sich treffen, auch in den Strassenbildern und Häuserdarstellungen, tritt die Spannung zwischen der menschlichen Figur und der unpersönlichen Atmosphäre ins Bildfeld. Aber es wird auch hier nicht dramatisiert. Das Poetische oder Unheimliche einer Situation kann ins Gewicht fallen, den Gehalt des Motivs bestimmen. Keinesfalls aber wird geschwätzig illustriert. Sind Objekte ins Bild einzubauen – die Lampe, der Ofen, Mobiliar, Kirchenausstattung in San Marco, Sakralgeräte beim Begräbnis in Vals, Orgel und Beleuchtung im Tonhallesaal – so ist das Inventar doch mit trockener Sparsamkeit appliziert. Es geht nicht um Milieuschilderung; es geht um die malerische Evokation eines Szenariums, in dessen Räumlichkeit der Mensch sich bewegt und lebt. Für Sautter besteht kein Grund, eine mögliche, erwünschte Übereinstimmung zwischen den Menschen und ihren Lebensräumen zu stören oder a priori als Illusion zu plakatieren. Bei ihm hat alles sein ihm zustehendes Gewicht, vor Übergewicht und Überbetonung schreckt er zurück. Seine Menschen und ihre Welt sind ihm der Erforschung wert, die Wertung selber geschieht dann auf dem Weg malerischer Interpretation.

Landschaften: Sautters Persönlichkeit drückt sich vielleicht am reinsten in den Landschaften aus. Die früheste Landschaft, die *Mondnacht, 1929,* steht wie ein Schlüsselbild am Beginn von Sautters Landschaftsmalerei. Ein Stück weit ist er träumender Poet, ein Stück weit klarsichtger Beobachter. Er liebt es, den wunderbaren Wandlungen nachzugehen, welche Tages- und Jahreszeiten, Wettervorgänge wie Schneefall, Nachtwind, Schmelze, Wachstumskräfte und Erstarrung bewirken. Wiederum macht sich dasselbe bemerkbar wie bei den Menschen- und Interieur-Darstellungen: die Präzision der Wahrnehmung ist da – aber sie wird nie zur Überlastung durch einseitige Interpretation führen. Auch in der Darstellung seiner Landschaften bemächtigt sich Sautter nicht gewaltsam seiner Motive. Er nutzt sie auch nicht zur Übermittlung von Aussagen, die auf einer anderen Ebene liegen und andern Bereichen zugehören. Gerade da darf man an die Tradition denken, die von Amiet über Morgenthaler und Sautter zu jüngeren Künstlern führt: es zeichnet sie aus, dass sie in Natur- und Landschaftsbild nicht Metaphern, nicht Gleichnisse oder Vehikel anderer Botschaften sehen. Eine Mondnacht ist eine Mondnacht, ein blühender Garten ist ein blühender Garten. Das Thema ist gewaltig genug um das Motiv zu füllen. Und das Motiv ist tragkräftig genug um dem Thema gerecht zu werden. Da ist weder Verschlüsselung noch Verfremdung nötig. Vielleicht stösst man hier auf das Phänomen, das heute so gern mit dem Schlagwort «ungebrochenes Verhältnis» qualifiziert oder disqualifiziert wird. «Ungebrochen» – das bedeutet im Falle Sautters ehrfürchtig und ergriffen, der optischen und seelischen Erfahrung vertrauend, sich einem Aspekt der Wirklichkeit zu nähern. Es bedeutet sicher nicht undifferenzierte Wahrnehmung, Befangenheit in entleerten, optischen Formeln.

Da gibt es die 1954 entstandene *Mondnacht*. Die Bindung an die vertraute und geliebte Landschaft des Zürichsees trägt das Bild. Wer viele Male im feuchten Gras die Kühle der Nacht über den Wiesen, das Windwehen im Birnbaum, das unruhige Blinken der Stadtlichter, das seltsame Leuchten der bizarren Wolkenfetzen im Nachthimmel geschaut und erfahren hat, dem gelingt es schliesslich, für den heimlich-unheimlichen Frieden einer solchen Nacht die richtigen Farben zu finden. Der findet die Grün- und Blautiefen für die im Nachttau liegende Wiese, der kann den Wolken jenen lilagelben Schimmer geben, den das Mondlicht hervorruft, der kann den Himmel in jenen Pinselstrichen malen, deren Bewegungsrhythmen etwas vom Strömen des Lichts, vom Weben und Sausen der Nacht vermitteln. «Ungebrochen» ist allerdings die Sensibilität der Wahrnehmung. Im Entscheid über die darstellerischen Mittel, die sowohl der Optik des Augenerlebnisses wie der Tiefe des seelischen Erlebens angemessen sind, kommt dann rasch und unvermeidlich die «Gebrochenheit» zwischen Erleben und Gestalten in Form der Reflexion auf den Künstler zu. Soll das schaden? Zu den Glücklichen, Arglosen, denen der Instinkt allein in hemmungsloser Unmittelbarkeit die Hand führt, zählt Sautter nicht. Er ist weit weg vom Fingermalen und der peinture de geste. Er *kann* rasch arbeiten. Viele Bilder gehen ihm flink von der Hand. Aber das Reflektieren geht irgendwo vor sich, entweder vor oder während des Malprozesses. Oft entsteht ein Bild über den Weg zeichnerischer Notierung und wird auf der Staffelei im Atelier gemalt. Dann kommt es darauf an, dass der künstlerische Intellekt die richtigen Ausdrucksmittel für das spontan Erlebte findet.

Wir können uns einer der letzten Landschaften *Wintermorgen, 1984* entstanden, zuwenden. Es scheint alles rasch hingemalt in lockeren Pinselstrichen, die Zeichnung des kahlen, schwarzen Geästs spontan hineingezaubert. Ach – darin liegt das Resultat jahrzehntelanger Übung. Wenn es, gerechnet von der *Mondnacht, 1928* an, nach fünf Jahrzehnten gelingt, für das Wechselspiel des Lichts, für die Luftströmung zwischen Tag und Dämmerung und für das Aufwachen der Natur dem Tageslicht entgegen diese lockere, leichte Malweise zu finden, die die unablässige Bewegung selbst der ruhenden Natur ins Bild zu bannen vermag – dann liegt eine grosse, angestrengte Arbeit dahinter. Der Farbklang Schwarz/Blau/Orange ist nicht pathetische Bilderfindung. Der Vorgang dieses Lichtspiels über einer nachtkühlen Winterwelt *ist* pathetisch. Sautters Kunst wird dort am schönsten und wahrsten, wo sein Pinsel der Erschütterung durch das Erlebnis folgt und wo zugleich künstlerische Ökonomie mitwirkt. Dann gelingt es dem Künstler, nicht nur das statische Abbild eines geschauten Bildes festzuhalten, sondern auch die Kräfte spüren zu lassen, die alles bewegen. Dann fliesst das Licht, hebt sich die Feuchtigkeit in Nebeln und Schleiern. Dann wirken in der Dunkelheit der Nacht die tintigen Schatten mit den dumpfen Blau- und Grüntönen zusammen. Dann wird die stumme Bewegung der Wolken in den scheinbar gestaltlosen Pinselstrichen fühlbar.

Walter Sautter? Ein Maler.

Geht von diesem Werk nun eine Aussage aus, die am Gesicht der Gegenwart vorbei redet? Sind die porträtierten Menschen im Atelierfauteuil, die Frau im kargen Interieur des Tessiner Hauses, die Kinder in ihrer Nachdenklichkeit, die Künstler im Atelier, die Zürichseelandschaften und die auf Reisen empfangenen Eindrücke Bildsujets ohne Verbindlichkeit? Abbilder einer Welt, deren Erscheinung nur noch bedingt Gültigkeit besitzt?

Ich glaube, dass Walter Sautter zu den Künstlern zählt, die in grosser, man könnte fast sagen in penetranter Zurückhaltung das Aufsehenerregende vermeiden. Dafür entwickeln sie Menschen und Natur gegenüber ein seltenes Mass an Einfühlungsgabe. Der Eifer des jungen Malers galt der Beherrschung malerischer Mittel, die dem Motiv von Mensch und Umwelt gerecht zu werden vermögen. Weder in der Zeichen- noch in der Maltechnik hat Sautter Virtuosität gesucht. Er brauchte Beherrschung gestalterischer Mittel, das heisst Bewegungsfreiheit in der praktischen Verwirklichung seiner Bildkonzeption, in der Visualisierung des Themas.

Das Thema führt über das Gegenständliche hinaus: beunruhigter Mensch, einsamer Mensch, geborgener Mensch, schöpferischer Mensch, ruhender Mensch. Aufruhr und Stille der Natur, Lieblichkeit und Kahlheit, die Erfahrung, dass Bewegungsprozesse sich im scheinbar Statischen vollziehen. Dazu gehört auch die Trauer über den Verlust geliebter Umwelt und die Freude am Entdecken neuer Blickwinkel.

Als ein kluger Mensch, der die Wirksamkeit des Unscheinbaren kennt, verzichtet Sautter fast immer auf gewaltsames Zurechtbiegen optischer Konstellationen. Er geht nicht über das hinaus, was sich seinen Augen und seinem Verständnis darbietet. Er kämpft nicht *für* eine Doktrin, noch *gegen* Barrikaden. Dazu liegt für ihn kein Grund vor. Er hat im Verlauf von fünfzig Arbeitsjahren die Gewissheit gewonnen, dass Mitsehen auch Mitleiden und Mitleben heisst, auch sich Mitfreuen. Für den Maler kommt nach Sautters Meinung in erster Linie das Mitsehen. Und im Gefolge dann das immer neue Abenteuer mit Stift, Farbe und Leinwand. Mit dieser Sorge und mit dem Einsatz seiner eigenen lebendigen Persönlichkeit steht Walter Sautter in der Tradition einer Malerei, die nicht untergehen kann.

Dorothea Christ

Porträt des Vaters, 1941
Oel auf Leinwand, 212x134 cm

Interieur, 1945
Oel auf Leinwand, 60,5x46,5 cm
Privatbesitz

Porträt eines Bauern, 1942
Oel auf Pavatex, 37,5x52,5 cm
Kanton Zürich

Elena, 1944
Oel auf Leinwand, 81x100,5 cm

Selbstporträt, 1946
Oel auf Leinwand, 196x145 cm

Daniel, 1949
Oel auf Karton, 28,5x18 cm
Privatbesitz

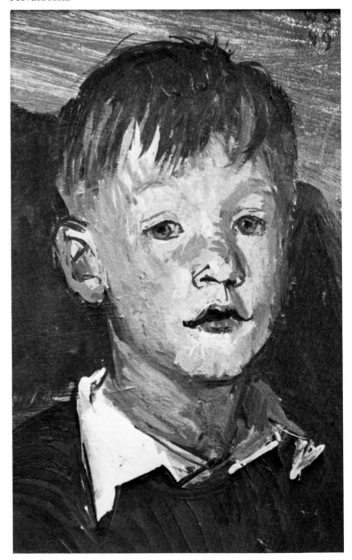

Selbstporträt, 1946
Oel auf Leinwand, 81 x 60 cm

J.E. Wolfensberger, 1946
Oel auf Leinwand, 87x82 cm
Privatbesitz

Tessiner Regen, 1944
Oel auf Pavatex, 37x52 cm

Porträtskizze des Vaters, 1947
Oel auf Pavatex, 60x65 cm
Kanton Zürich

Franziska, 1947
Oel auf Leinwand, 81,5x100,5 cm

Max Frisch, 1947
Oel auf Pavatex, 60x70 cm
Privatbesitz

Caspar, 1948
Oel auf Karton, 23,4x18 cm
Privatbesitz

Urs Schwarz, 1948
Oel auf Pavatex, 69,5x60 cm

Interieur Atelier Pauli, 1973
Oel auf Pavatex, 61x50 cm
Privatbesitz

Fritz Pauli, 1958
Oel auf Leinwand, 101x81 cm

Frau vor dem Spiegel, 1948
Oel auf Pavatex, 61x50 cm

Hans Kasser, 1948
Oel auf Karton, 110x80 cm

Otto Ch. Bänninger, 1961
Oel auf Leinwand, 99,5x81 cm

Leonhard Meisser, 1961
Oel auf Leinwand, 46x38,5 cm
Privatbesitz

Porträtskizze Ernst Morgenthaler, 1957
Oel auf Leinwand, 90x65,5 cm
Gemeinde Zollikon

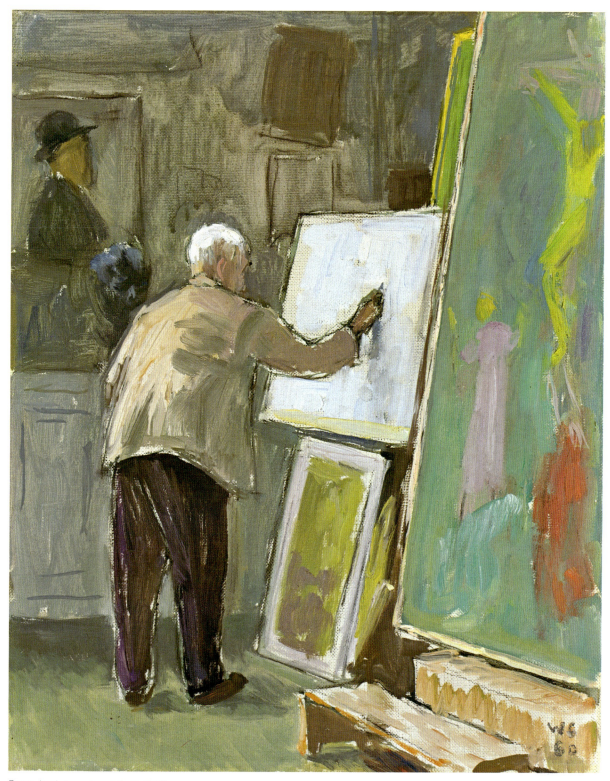

Cuno Amiet an der Arbeit, 1960
Oel auf Leinwand, 41x33 cm
Privatbesitz

Leonard Steckel, 1966
Oel auf Karton, 84x73 cm

Cuno Amiet, 1960
Oel auf Leinwand, 73x54 cm
Privatbesitz

Cuno Amiet an der Arbeit, 1960
Oel auf Leinwand, 46x46 cm
Privatbesitz

Cuno Amiet, 1960
Oel auf Leinwand, 41x33 cm, Privatbesitz

Karl Landolt, 1970
Oel auf Leinwand, 80x80 cm, Privatbesitz

Karl Madritsch, 1972
Oel auf Leinwand, 73x60 cm
Privatbesitz

Cuno Amiet in seinem Atelier, 1962
Oel auf Leinwand, 180x150 cm
Privatbesitz

Albert Pfister, 1974
Oel auf Karton, 40,5x50,5 cm

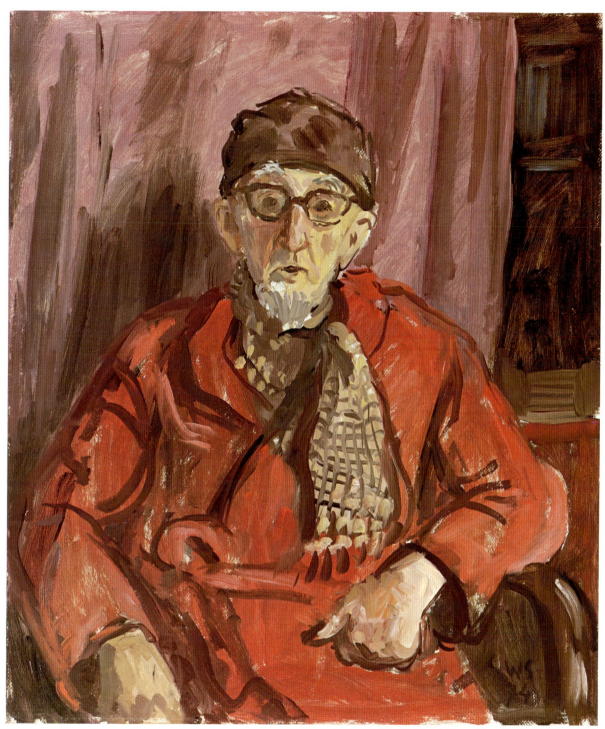

Albert Pfister, 1974
Oel auf Pavatex, 69,5x60 cm

Heinrich Müller, 1972
Oel auf Leinwand, 54x63 cm

Paul Burkhard, 1975
Oel auf Pavatex, 69,5x60 cm
Privatbesitz

Hermann Hubacher, 1975
Oel auf Leinwand, 46x38 cm
Privatbesitz

Frau E. Nager, 1947
Oel auf Leinwand, 37x52 cm
Privatbesitz

Bundesrat Dr. Willy Spühler, 1963
Oel auf Leinwand, 100x81 cm
Kanton Zürich

Regierungsrat Rud. Meier, 1954
Oel auf Leinwand, 100x81 cm
Kanton Zürich

Dr. M. Eisenring, 1971
Oel auf Leinwand, 81x65 cm
Schweiz. Rückversicherungs-Gesellschaft

Rud. Schoeller, 1971
Oel auf Leinwand, 81x65 cm
Privatbesitz

Walter Bär, 1964
Oel auf Leinwand, 81x65 cm
Privatbesitz

Porträtstudie Regierungsrat Dr. A. Gilgen, 1977
Oel auf Leinwand, 100x81,5 cm

Bemerkungen zum Motiv «Nacht»

Einer malt «Tag» noch in seinen Nachtbildern, ein anderer «Nacht» selbst in Tagbildern. Das Verhältnis aber zwischen Tag, Dämmerung, Nacht ist nicht in jedem Falle leicht auszumachen; gewiss ist nur, dass solch Schwerbestimmbares das Geheimnis – und das will sagen: die Qualität des Werks mit bedingt. Wer sich darüber Gedanken macht, der ist bald umgeben von Bildern. Bilder, die man traf und die einen trafen, werden wach im Augengedächtnis und verlangen Überprüfungen; an ihrer Besonderheit soll sich das Fragen bewähren, sollen sich Antworten erwahren.

Ich sehe, zum Beispiel, gemalt von Caspar David Friedrich, die «Stadt am Wasser bei untergehender Sonne», die «Seestadt im Mondschein», die «Weiden im Mondschein»; oder von Spitzweg die «Nächtliche Heimkehr»; von Menzel das Bild «Blick auf den Anhalter Bahnhof im Mondschein»; und Georg Friedrich Kersting ist mir gegenwärtig mit «Lesender beim Lampenlicht». Das alles scheint nah zusammenzugehören. Dämmerung, Mondlicht, Lampenlicht; Weltraum und Innenraum, Unendlichkeit und Wohnlichkeit; Schauer, Behagen, Geheimnis und Übersicht. Es gehört zusammen in der selben Angst, die der eine unter Gemütlichkeit verbirgt und die der andere geradezu zeigt.

Diese Angst ist alt. Akut ist sie geworden seit Kopernikus: seit die Erde aus der Mitte des Alls auf eine Bahn im All verwiesen und der Mensch den bergenden Erd-Kreis ins Grenzenlose ausgeweitet weiss. In unserer Zeit haben Astronauten den Erd-Kreis als Erd-Ball «von aussen» im Raum beobachtet und photographiert. Die Aufnahmen sind als Poster zu haben. So wissen wir nicht nur, wo die Erde in der grossen Ordnung ihren Platz hat, wir verfügen nun auch über leicht zugängliches, durch Reproduktion banal gewordenes Anschauungsmaterial. Aber das Grenzenlose ist uns unheimlich geblieben. Und die Sinnenseele ist von jener Anbiederung ans All nicht beeindruckt; dem gibt sie nicht nach; sie erfährt weiterhin als etwas Wunderbares, wie die Sonne aufsteigt, am Himmel wandert, untergeht – in der Mitte des Alls die Erde, ich, der Staunende. Das ist das ptolemäische Schauspiel, das «alte Stück», wie Heine sagte: «Mein Fräulein! sei'n Sie munter, Das ist ein altes Stück; Hier vorne geht sie unter, Und kehrt von hinten zurück.» Solch distanzschaffender Spott kommt aus der Spannung, der wir ausgesetzt sind und ausgesetzt bleiben: die Grenzenlosigkeit annehmen, tragenden Grund behalten. Wir antworten darauf mit Angst, offen und versteckt; wir möchten die Spannung loswerden, das heisst: mit unserem Wissen und unserem Erleben ins Reine kommen.

Es gibt dafür in der deutschen Literatur ein Dokument von markantem Rang, sowohl was die Auskunft als auch was den Zeitpunkt und die Form der Auskunft betrifft: von Barthold Heinrich Brockes das Gedicht «Das Firmament» (aus «Irdischen Vergnügen in Gott», erschienen in den Jahren von 1721 bis 1748):

Als jüngst mein Auge sich in die saphirne Tiefe,
Die weder Grund noch Strand, noch Ziel, noch End umschränkt,
Ins unerforschte Meer des hohlen Luft-Raums senkt'
Und mein verschlungner Blick bald hie- bald dahin liefe,
Doch immer tiefer sank – entsatzte sich mein Geist,
Es schwindelte mein Aug, es stockte meine Seele
Ob der unendlichen, unmässig-tiefen Höhle,
Die wol mit Recht ein Bild der Ewigkeiten heisst,
So nur aus Gott allein, ohn End und Anfang, stammen:
Es schlug des Abgrunds Raum, wie eine dicke Flut
Des bodenlosen Meers auf sinkend Eisen tut,
In einem Augenblick auf meinen Geist zusammen.

*Die ungeheure Gruft des tiefen dunkeln Lichts,
Der lichten Dunkelheit, ohn Anfang, ohne
 Schranken,
Verschlang sogar die Welt, begrub selbst die
 Gedanken;
Mein ganzes Wesen ward ein Staub, ein Punkt,
 ein Nichts,
Und ich verlor mich selbst. Dies schlug mich
 plötzlich nieder;
Verzweiflung drohete der ganz verwirrten
 Brust.
Allein, o heilsams Nichts! glückseliger Verlust!
Allgegenwärtger Gott, in Dir fand ich mich
 wieder.*

Der Blick in die «saphirne Tiefe», in die «ungeheure Gruft des tiefen dunkeln Lichts» mag einen Künstler zur Wahl des im genauen Sinn entsprechenden Motives «Nacht» bestimmen; Nacht, sehbar gemacht durch Licht, durch Mondlicht und Lampenlicht; oder Nacht als schwarze Tiefe im Tag; solche Nacht als Gleichnisraum für die Angst aus der Spannung zwischen Grenzenlosigkeit und begrenztem tragendem Grund.

So beschäftigt bin ich Walter Sautters Bildern begegnet. Ich wurde die Frage nach der Bedeutung des Motives «Nacht», die mich in anderen Zusammenhängen behelligte und weiter beschäftigt, vor diesem neuen Gegenüber nicht los. Sie prägte ein Vor-Urteil. Würde es das Sehen und das Nachdenken zu brauchbarer Einsicht leiten können, oder würde es sich, gemessen an der Sache, als unbrauchbar erweisen? Das ist zu prüfen.

Beim ersten Sichten der Bilder (Gemälde, Zeichnung, Graphik) zeigt sich: dieser Maler der «Lebensfreude» (wie er eher leichthin genannt worden ist) hat sich oft und in vielfältiger Abwandlung zum Motiv «Nacht» entschlossen. Beim näheren Zusehn, aus Umsicht und Vergleich, erweist es sich als ein Schlüsselmotiv. Man kann, um in diesem Zusammenhang vorwärts zu kommen, beim *Selbstporträt des Malers* aus dem Jahre *1946* ansetzen:

Der Mann steht in einem Zimmer, das ausgezeichnet ist durch ein paar Signale der Wohnlichkeit: Lehnstuhl, Ofen, Möbelstück, darauf ein Globus. Dies alles ist in die linke Bildhälfte gerückt, gegen den Rand, und steht unter einem Licht, das die Farben milde macht, weder grell noch matt, warm. Ruhiger Innenraum. Durch unauffällige Akzente in der zeichnerischen und in der farbigen Ordnung des Bildes wird unser Blick buchstäblich unversehens im Raum geführt, vom wohnlichen Teil zur rechten Bildhälfte hin: sie ist bestimmt durch eine fast zimmerhohe Fenstertüre; die Türflügel wie von aussen aufgestossen. Von wem? Von der Nacht. Sie steht in der Öffnung, das Unabsehbare beim Überschaubaren. Wie von aussen aufgestossen. Ich sage das und muss mich fragen, ob mir das Bild darin recht gebe oder ob ich mich aus seinem «Reden» gelöst habe zu blosser assoziativer Willkür. In solchem Fragen wird spürbar, wie kontrovers die Organisation des Bildes ist, das sich so ruhig gibt. Das Kontroverse wird Gestalt: im Manne, der den Bildraum vom Vordergrund her beherrscht – obwohl er in einem beirrenden Sinn nicht zu diesem Raum zu gehören scheint. Dafür gibt es Zeichen: der Mann hat den Hut auf, wie man ihn trägt im Freien, unterwegs; er trägt Schuhe, wie man sie für die Strasse braucht; er hält sich wie einer, der auf dem Weg angerufen worden ist, stutzt, hinschaut, sich aber dem Gegenüber nicht bindend zuwendet. Er ist ein Fremdling im Innenraum. Das Licht, das auf ihn herabfällt, so steil, dass nur ein knapper Schatten hinter dem Mann auf den Boden zu liegen kommt – Lampenlicht, wie Sonnenlicht, wie Mondlicht; Licht aus dem Innenraum, wie Licht vom Unterwegs im Tag, vom Unterwegs in der Nacht. Die Lichtquelle ist nicht sichtbar; was sie erwirkt, wird gezeigt: kontroverses Dasein in einem Innen-Aussen-Raum, begrenzt-grenzenlos.

Bei inständig fragendem Umgang mit Walter Sautters Arbeiten lernt man die Schatten der augenfreundlichen Bildwelt lesen. Bei vorläufigem Begegnen nimmt man sie zu leicht – nichts von «saphirner Tiefe», nichts von «ungeheurer Gruft des tiefen dunkeln Lichts», eher Entsprechungen zu Claudius: «Wie ist die Welt so stille Und in der Dämmrung Hülle So traulich und so hold…» Traulich und hold; so mag der erste Eindruck sein. Er täuscht. Diese Täuschung aber sagt Wesentliches über den Maler. Sie wird zum Beleg für das, was wir Rücksicht nennen – oder, weiter gefasst: Lebenshöflichkeit. Walter Sautter malt keine Schocks. Heftigkeit ist für ihn eine Form der Indezenz, der Selbstüberschätzung. Er verleugnet sich nicht in der Begegnung mit Mensch, Landschaft, Sache, aber er drängt sich dem Gegenüber auch nicht auf und gar nicht attakiert er es. Seine Bildsprache ist auch nicht beschwörend; sie ist unpathetisch-urban in Zeichnung, Farbe, Lichtführung. Unpathetisch-urban schafft einer nicht aus Ahnungslosigkeit gegenüber dem Schwierigen, vielmehr aus Einsicht ins Schwierige. Danach jedem menschlichen, jedem sachlichen Verhältnis das verantwortbare Helle abgewinnen – es abgewinnen gegen den Anspruch des Dunklen und es vor ihm bergen: das ist Walter Sautters Konsequenz. Sie gibt jenem Traulichen und Holden das Gewicht erfahrener Angst. Kaum habe ich das ausgesprochen, da merke ich auch, dass ich es zu laut gesagt habe – so diskret ist die Bildsprache Walter Sautters, und so viel Diskretion verlangt sie vom Betrachter.

Ich habe vor mir Walter Sautters Bilder *Mondnacht im Tessin, 1962, Schneeschmelze, 1968;* ich frage mich, ob sie stützen, was ich erfuhr und sagte im Hinblick auf das Selbstbildnis des Malers.

Da sind die Lichtquellen sichtbar, Mondlicht, Lampenlicht; antwortende Gegenlichter. Das eine zeigt den grenzenlosen Raum an, das andere den begrenzten, so, dass durch die Berührung des einen und des andern das Unheimliche gemildert und das Trauliche ernst wird. In der Korrespondenz von Mondlicht und Lampenlicht bekommt der Bildraum seine Struktur; in dieser Korrespondenz wird eine Weltgegend, die keinen Namen hat, zu einem Lebensort mit Namen. Das Unvertraute wird vertraut und behält doch einen Anflug von Fremde. Keine einfach-gemütliche Welt; das Dasein in ihr ist sinnendes Dasein.

Immer wieder wird sinnendes Dasein in Gestalt gefasst. Ich denke an das Bild *Der Besuch, 1955:*

Eine Zimmerecke; in dieser Ecke die dunkle Frau, auf der Wandbank sitzend, hinter dem Tisch; den einen Unterarm hat sie vor sich hingelegt, der andere, auf den Ellbogen gestützt, ist gerade aufgerichtet, oben, hell, die Hand im Gelenk über den Handrücken abgewinkelt – ein Korrelat zum Antlitz, erhöht daneben, das leicht zur Seite geneigt ist; Hand und Antlitz in fast paralleler Neigung, und in diesem «fast» ist die Spannung vorgebildet, die im Sinnen der Frau, in ihrem Schweigen wirkt und ihre Augen beherrscht. Was sinnt sie? Das scheint eine bildfremde Frage zu sein (Zeugnis für ein psychologisierendes Verhältnis zur Sache). Doch das Bild selber fragt so und gibt, als Bild, die Antwort. Es zeigt die Antwort: Sinnen zwischen Licht und Nacht. Die Lampe gibt den milden warmen Schein; im Fenster, gegenüber, steht die Nacht – wie sie im Selbstbildnis des Malers in der Türöffnung steht; der Vorhang, nur halb gezogen, sammelt Licht, so dass das Dunkel draussen noch stärker wird. Die Blumen auf dem Sims geben dazu den Akzent; sie sind Reste der Geborgenheit am Rand zur Leere. Auf dem Tisch, in der Tischdecke, spielen Ocker und Eisgrün ineinander, Wärme und Kühle; sie kommen aus dem Bildganzen, in welchem die Farben in ausgewogenen Rhythmen das Wohlsein stiften, von dem ich nun weiss, dass es die Angst kennt – dass es kein Luxus ist. Die sorgfältige zeichnerische Organisation des Bildes, der Bilder Walter Sautters überhaupt, die Halt gebende, Halt betonende Geometrie im Wohlleben der Farben gehört mit zu den Gesten gegen jene Angst.

Vom Maler, bezogen auf das *Selbstbildnis* aus dem Jahre *1946,* sagte ich, er sei ein Fremdling im Innenraum. Eben so fremd ist die Frau an ihrem Ort im Bilde *Der Besuch.* Sie sinne zwischen Licht und Nacht – sie sinnt inmitten der wohnlichen Dinge über die Fremde nach, die wir zu bestehen haben, öfter und schwieriger als die Generationen vor uns, denn die zivilisatorischen Verstellungen schirmen uns nicht ab gegen die «saphirne Tiefe»; im Gegenteil: oft ist es, als wolle sich die Tiefe an uns rächen, weil wir sie missachten.

Werner Weber

Mutter und Kind, 1950
Oel auf Karton, 30x36 cm

Im Atelier, 1952
Oel auf Leinwand, 100x51 cm
Privatbesitz

Frauenbildnis, 1962
Oel auf Leinwand, 100,5x71 cm

Familie, 1953
Oel auf Leinwand, 38x46 cm
Privatbesitz

Familie bei Tisch, 1954
Oel auf Karton, 32,5x47,5 cm

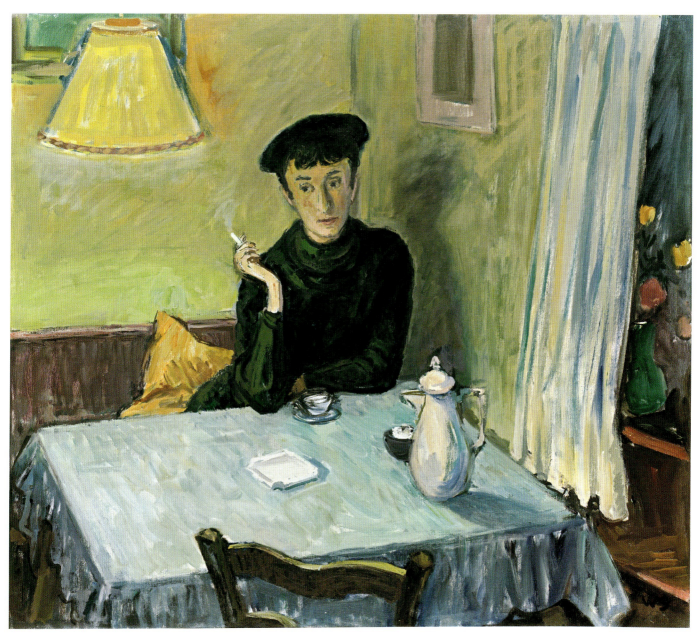

Der Besuch, 1954
Oel auf Leinwand, 92x105 cm
Privatbesitz

Die blauen Kapuzen, 1973
Oel auf Leinwand, 125x125 cm

Lesendes Kind, 1960
Oel auf Pavatex, 36,5x51,5 cm
Privatbesitz

David, 1962
Oel auf Leinwand, 81x54 cm

David mit Pelerine, 1969
Oel auf Leinwand, 150x75 cm
Privatbesitz

Catherine, 1959
Oel auf Leinwand, 49x39,5 cm

Karin Sautter, 1974
Oel auf Leinwand, 60,5x40 cm

Catherine, 1969
Oel auf Leinwand, 73x60 cm

David, 1970
Oel auf Leinwand, 100x73 cm

Caffè in Intra, 1950
Oel auf Leinwand, 50,5x64,5 cm
Privatbesitz

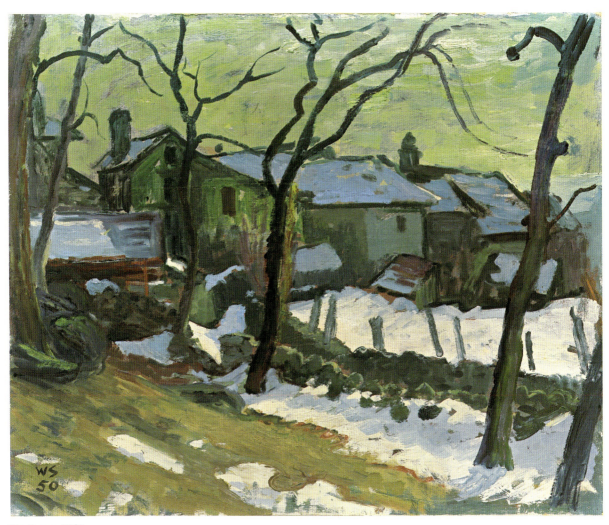

Predasco, 1950
Oel auf Pavatex, 49,5x61 cm

Nähende, 1950
Tempera auf Pavatex, 38x46 cm
Privatbesitz

Lesende, 1950
Oel auf Leinwand, 90x112 cm
Eidgenossenschaft

Interieur mit Staffelei, 1954
Oel auf Leinwand, 73x52 cm
Privatbesitz

Interieur, 1950
Oel auf Pavatex, 46x38 cm
Privatbesitz

Begräbnis in Vals, 1952
Oel auf Pavatex, 51x36,5 cm
Privatbesitz

Vollmond, 1958
Oel auf Leinwand, 100x73 cm

Bellinzona, 1952
Tempera auf Leinwand, 65x116 cm

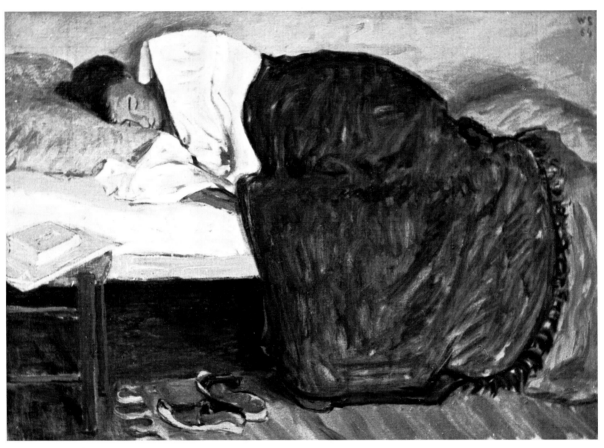

Schlafende, 1954
Oel auf Leinwand, 73x105 cm

Mondnacht, 1954
Oel auf Leinwand, 81x100 cm
Privatbesitz

Stechäpfel, 1961
Oel auf Leinwand, 52x41 cm
Privatbesitz

Vorfrühling, 1957
Oel auf Karton, 31,5x24,5 cm

Friedhof am Meer, 1961
Oel auf Pavatex, 49,5x61 cm
Privatbesitz

Zürichsee, 1962
Oel auf Karton, 25,5x36 cm
Privatbesitz

Bahnhof Bern, 1958
Oel auf Leinwand, 100x150 cm
Schulhaus Thayngen

Mondnacht, 1962
Oel auf Pavatex, 61x50 cm
Privatbesitz

Landschaft bei Forch, 1964
Oel auf Leinwand, 100x130 cm
Privatbesitz

Masern, 1962
Oel auf Leinwand, 50,5x48 cm
Privatbesitz

Stilleben mit Phlox, 1965
Oel auf Leinwand, 60,5x41,5 cm

Wintersonne, 1968
Aquarell, 30,5x20,5 cm
Privatbesitz

Garten, 1963
Oel auf Leinwand, 100x150 cm
Privatbesitz

Métrostation, 1967
Oel auf Leinwand, 73x100 cm
Privatbesitz

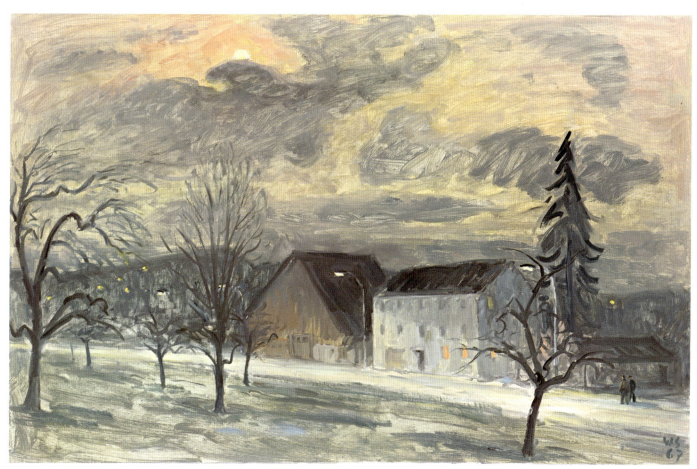

Sturmnacht, 1967
Oel auf Leinwand, 83x130 cm

Schneeschmelze, 1974
Oel auf Leinwand, 60x81 cm

Gössikon, 1968
Oel auf Leinwand, 65x110 cm
Kantonalbank Zürich

New York, 1969
Oel auf Leinwand, 110,5x150,5 cm
Privatbesitz

New York im Dunst, 1968
Oel auf Leinwand, 95,5x100 cm
Privatbesitz

City of London, 1968
Oel auf Leinwand, 54x65 cm
Privatbesitz

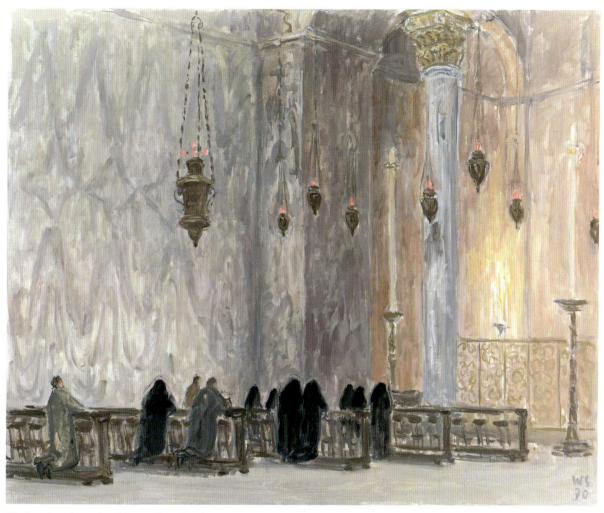

Kircheninterieur, San Marco Venedig, 1970
Oel auf Leinwand, 81x100 cm
Privatbesitz

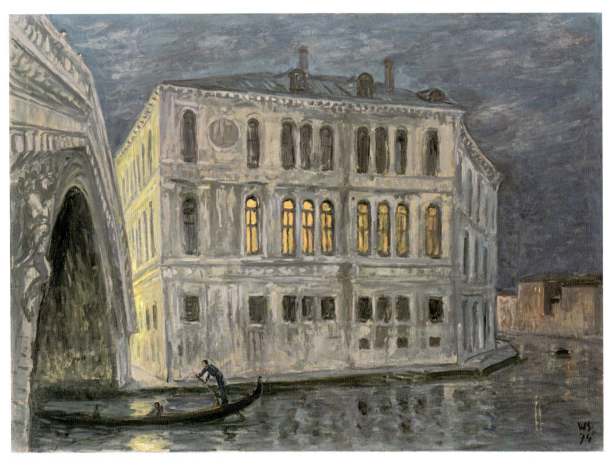

Palazzo bei Nacht, 1974
Oel auf Leinwand, 100x140 cm

Katze, 1972
Oel auf Karton, 36,5x51 cm

Rue de la Gaité, 1973
Oel auf Leinwand, 81x100,5 cm

Mondnacht (St. Moritz), 1974
Oel auf Pavatex, 60x69,5 cm

Zirkus, 1974
Oel auf Leinwand, 80x110 cm
Privatbesitz

Konzert, 1976
Oel auf Leinwand, 95x116 cm

Dorfstrasse im Regen, 1964
Aquarell, 20x27 cm
Privatbesitz

Stadtrand, 1975
Tempera auf Leinwand, 109,5x130 cm

Zürichsee, 1975
Aquarell, 24x33,5 cm

Grand Canyon, 1975
Aquarell, 35x43 cm

Pontebrolla, 1978
Aquarell, 47x63 cm

Aufsteigende Nebel, 1976
Oel auf Pavatex, 37,5x52,5 cm

Am Meer, 1976
Oel auf Leinwand, 65x81 cm
Privatbesitz

Spuren im Schnee, 1972
Oel auf Leinwand, 81x60 cm
Privatbesitz

Wintersonne, 1977
Oel auf Leinwand, 54,5x90 cm
Privatbesitz

Wintermorgen, 1984
Oel auf Leinwand, 100x90 cm

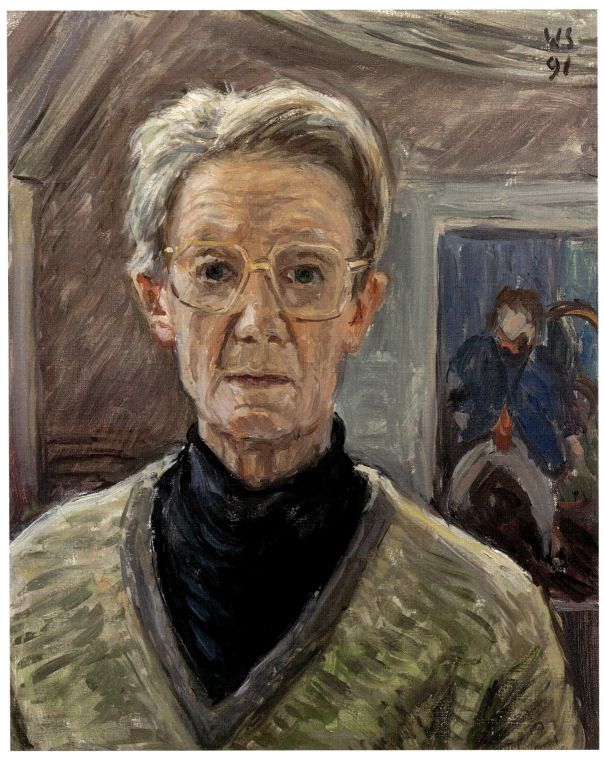

Selbstbildnis, 1991
Oel auf Leinwand, 46x38 cm

Biographische Angaben

1911
Walter Sautter wird am 16. August in Zürich geboren. Er wächst mit zwei älteren Schwestern, von denen die eine später Jurisprudenz, die andere Medizin studieren wird, im Haus der Eltern an der Schulhausstrasse im Enge-Quartier auf. Der Vater Emil Sautter hatte nach einer Krise die Schauspielerlaufbahn aufgegeben, einige Jahre im elterlichen Baumwoll-Engrosgeschäft mitgearbeitet und nach dem Verkauf des Geschäfts sich dem Kritikerberuf zugewandt. Er schrieb Theater- und Kunstkritiken für die *Zürcher Post*. In seiner Freizeit verfasste er zahlreiche Mundart-Theaterstücke, die häufig und mit Erfolg aufgeführt wurden. Ein Ferienschwank brachte es im Zürcher Stadttheater auf 25 ausverkaufte Häuser; aus dem für den Dramatischen Verein Zürich verfassten Gelegenheitsstück «De sächzigscht Geburtstag» wurde in der Operettenfassung von Paul Burkhard später unter den Titeln «Der schwarze Hecht» und «Feuerwerk» weltberühmt. Die Mutter Rosa Sautter-Suter war eine direkte Cousine von Cuno Amiet, beider Mütter waren Schwestern. Sie besass zeichnerische und malerische Begabung, die aber nicht besonders gepflegt wurde. Zwischem dem Ehepaar Amiet und der Familie Sautter entwickelte sich eine lebendige Freundschaft; Amiet wohnte regelmässig während seiner Zürcherbesuche an der Schulhausstrasse, umgekehrt bildete seine Welt auf der Oschwand das Ferienparadies der Sautter-Kinder.

1918–1924
Primarschule im Lavater- und im Gablerschulhaus in der Enge. Die enge Freundschaft mit Paul Burkhard nimmt im ersten Schuljahr ihren Anfang, sie dauert bis zum 1977 erfolgten Tod des Musikers.

1924–1930
Literargymnasium Zürich. Die Schulferien verbringt Sautter regelmässig auf der Oschwand. Er ist, unterstützt von Amiet, dazu entschlossen, Maler zu werden. Der Vater stellt zur einzigen Bedingung das Bestehen der Maturitätsprüfung.

Im Schulalter ist für Sautter Hodler das grosse Leitbild; das erste Selbstporträt des Fünfzehnjährigen (1926) zeugt von diesem Einfluss. Die ebenfalls während der Gymnasialzeit entstandenen Bildnisse der Eltern (1927 und 1929) werden in geduldigster Kleinarbeit während jahrelangen Sonntagmorgen-Sitzungen gemalt; das Bildnis des Freundes Paul Burkhard (1929) dokumentiert den Übergang zu einer freieren, tonigen Malerei; intensives Modellstudium erforderte aber auch dies Werk, sonst hätte der ernst und gefasst dreinblickende Gymnasiast Burkhard dem Malerfreund nicht das Distichon widmen müssen

Still ergeben der Kunst,
mit eingeschlafenen Beinen,
ohne zu wissen warum,
sitz ich Modell für ein Bild

1930
Nach der Maturitätsprüfung verbringt Sautter einige Wochen bei Amiet und geht dann im Herbst nach Paris. Dort ist er viel mit Ernst Morgenthaler zusammen, dem er entscheidende Anregungen verdankt. Sie besuchen gemeinsam Museen und Galerien, Sautter begeistert sich für Vuillard, Bonnard, nimmt die neuen Bilder von Picasso und Matisse in sich auf. Nach der Rückkehr auf die Oschwand – es war eine zweijährige Lehrzeit bei Amiet geplant – erfolgt rasch die notwendige Lösung von Amiet. Der junge Maler orientiert sich nun mehr nach Paris.

1930–1934
Paris und Zürich. In Zürich hat Sautter im Remisegebäude an der Schulhausstrasse sein Atelier, das er bis 1954 behält; in Paris kann er in diesen Jahren das Atelier von Leo Steck an der Rue de Seine für die Pariser Wintermonate mieten. Er frequentiert zum Aktzeichnen die freien Akademien von Colarossi und Ranson

und arbeitet in der Académie de la Grande Chaumière. Verkehr mit Morgenthaler und Max Gubler, der damals in Montrouge sein Atelier hatte.

Dazwischen immer wieder monateweise Aufenthalt in Zürich. Für die Rekrutenschule lässt Sautter als leidenschaftlicher Reiter sich zu «einer Truppe mit Pferden» einteilen, zur Artillerie, muss dem Reiten zuliebe in der Folge wohl oder übel aspirieren und die Offiziersschule machen. Bis 1933 beteiligt er sich häufig an Concours-Anlässen, gibt das dann aber auf um sich ganz auf seinen Beruf zu konzentrieren. Die Liebe zum Pferd ist ihm geblieben, und er ergreift auch später jede Möglichkeit zu reiten.

1934
Von Paris aus Frühjahrsreise nach Spanien mit einem Freund aus Barcelona.

1935
Während fünf Monaten reist Sautter zeichnend und malend durch Italien. In Neapel kann er als Gast-Schüler beim Professor für Radierung an der Akademie arbeiten, wendet sich aber später eher dem Lithographieren zu.

In Zürich verkehrt Sautter viel mit Ernst Morgenthaler, der sich in Höngg niedergelassen hat. Dort macht er Bekanntschaft mit dem Künstlerkreis, der sich um den Kaufmann Albert Meyerhofer geschart hat: ausser Ernst Morgenthaler gehören der Maler Johannes von Tscharner und die Bildhauer Karl Geiser und Hermann Hubacher dazu. Dass der Mäzen Meyerhofer seinem Künstlerkreis in Form eines Kegelclubs den äussern Zusammenhalt gab, mag als typisch helvetische Spielart des Zirkelwesens genommen werden!

1936–1938
Zürich und Berlin. Nachdem Sautter Frankreich, Italien und Spanien kennengelernt hatte, wollte er auch Deutschland kennenlernen. Ohne sich um Politik zu kümmern, durchreiste er zusammen mit Paul Burkhard das Land und mietete für zwei Jahre in Berlin am Savignyplatz ein Atelier. Dort wohnt dann während der Monate, die Sautter immer wieder in Zürich verbrachte, zeitweise auch Paul Burkhard, der in der Schweiz kein Auskommen fand, auf die finanzielle Hilfe der Freunde angewiesen war, sich mit Hilfe von Sautters Schwager Wyss eben mühsam aus den Schulden und Schlingen eines unglückseligen Impresario-Verhältnisses gelöst hatte und nun in Berlin Fuss zu fassen suchte. Burkhards in Stettin uraufgeführte Operette «Paradies der Frauen» eroberte allerdings nie die Berliner Bühnen – der Erfolg stellte sich erst 1939 mit dem «Schwarzen Hecht» unter Oscar Wälterlin im Schauspielhaus Zürich ein.

In Berlin verkehrt Sautter mit seinem Freund vor allem in Musiker- und Theaterkreisen. In den Gemäldesammlungen beeindrucken ihn besonders Rembrandt und Menzel; er belegt auch einige Kurse an der Akademie.

1936
Sautter wird Mitglied der Gesellschaft Schweizerischer Maler, Bildhauer und Architekten.

1937
Nach dem frühen Tod der Mutter lebt Sautter vorerst mit seinem Vater allein im Haus an der Schulhausstrasse, später zog die Schwester Gertrud Wyss-Sautter mit ihrer Familie ebenfalls in das Haus.

1939
Generalmobilmachung. Sautter leistet mit den Zürcher Artillerietruppen Aktivdienst, vor allem im Aargau. Während der Einquartierung in Schinznach-Dorf und Veltheim entstehen Porträts von Kameraden und Landschaftsstudien. Ein damals auftretendes Magenleiden erfordert die Verlegung in die MSA Grindelwald, anschliessend kuriert Sautter seine Krankheit in einer Diätpension in Monti im Tessin aus.

1940
Während seines Kuraufenthaltes sucht Sautter den in Cavigliano lebenden Berner Maler Fritz Pauli auf.

1941
Sautter verbringt einige Arbeitswochen bei Pauli. Nachdem sich das Projekt einer Atelier-Siedlung am Uetliberg, an dem sich Sautter beteiligen wollte, zerschlagen hatte, folgt er Paulis Vorschlag, sich im Tessin niederzulassen. In Tegna findet er an einem Steilhang eine stillgelegte Baustelle, erwirbt das Grundstück und errichtet ein einfaches Atelierhaus. Fortan verbringt er wechselnd seine Zeit in Zürich und in Tegna.

1942
Der Conrad-Ferdinand-Meyer-Preis wird ihm zugesprochen.

In Zürich bildete sich während der Kriegsjahre ein Freundeskreis, der sich regelmässig im Café Terrasse trifft: Max Frisch, der eben mit «Santa Cruz» und «Nun singen sie wieder» seine ersten Schriftstellererfolge erlebt, der Maler Eugen Früh und seine Frau, die Malerin Erna Yoshida Blenk, der Schriftsteller Hans Schumacher, der Lyriker Adolf Brenner und der Maler Max Truninger gehören dazu. Nach Kriegsende zerstreut sich der Kreis, die Freundschaften bleiben bestehen, und es kommen neue Freunde dazu wie der Bildhauer Franz Fischer.

1948
Reise ins Roussillon zusammen mit Ernst Morgenthaler, der für die Büchergilde Gutenberg einen Illustrationsauftrag zu den Contes de Fées «Die Töchter des Canigou» erhalten hat. Während dieser Studienfahrt in abgelegene Gegenden zeichnen und aquarellieren die Freunde viel gemeinsam. Durch Morgenthaler wird Sautter namentlich zum Aquarell geführt, das seit den Fünfzigerjahren eine grosse Rolle in seinem Schaffen spielt.

1949
Reise nach Algerien und Tunesien gemeinsam mit Ernst Morgenthaler.

1950
Heirat mit Karin Bechstein, Tochter des Burgdorfer Architekten Ernst Bechstein, den Sautter bei Pauli im Tessin kennengelernt hatte. Karin Bechsteins Mutter war die Tochter des nach Luzern eingewanderten schwedischen Malers Richard Goldenson, der während des ersten Weltkriegs Mitglied des «Modernen Bundes» war.

Sautter und seine Frau beziehen eine Wohnung an der Toblerstrasse in Zürich, der Künstler malt dort und im Atelier an der Schulhausstrasse und in Tegna.

Geburt der Tochter Catherine.

1952
Sautter arbeitet einige Wochen bei Leonhard und Anny Meisser-Vonzun in Chur.

1953
Auftrag der Büchergilde Gutenberg zu Illustrationen für Rudolf Grabers «Kahnfahrt durch Frankreich», Sautter macht dafür mehrere Wochen Studien in der Gegend von Besançon.

1954
Bezug eines von Architekt Ernst Gisel erbauten Hauses mit Atelier in Zumikon.

Das vom Kanton Zürich in Auftrag gegebene Bildnis von Regierungsrat Rudolf Meier ist der erste der offiziellen Porträtaufträge, die sich später in fast regelmässigen Abständen folgen.

Tod des Vaters.

1956
Geburt des Sohnes David.

1958
Reise nach Spanien mit Aufenthalt im Aragon und in Kastilien.

1960
Reise nach Rhodos unter der Führung von Werner Roos, dem Präsidenten des Vereins für Originalgraphik, zusammen mit J.E. Wolfensberger, dem Zürcher Druckerei- und Galeriebesitzer und dem Genfer Maler Adrien Holy.

1961
Arbeitsaufenthalt in Chur bei Leonhard und Anny Meisser-Vonzun.

1962
Zweite Griechenlandreise mit Werner Roos. Diesmal nach Kos, gemeinsam mit den Malern Meisser-Vonzun, Hans Potthof, Alois Carigiet, Albert Schachenmann und Franz Opitz.

Zusammen mit Max Hegetschweiler Reise durch Spanien von Katalonien bis Andalusien.

1963
Dritte Reise nach Griechenland. Aufenthalt auf Kreta mit Roos und Kollegen.

1966
Erste Reise nach Israel mit Dr. Hannes Reimann, dem Leiter der Engadiner Kantorei in St. Moritz.

1968
Reise nach New York.

1971
Reise nach Kenya mit Dr. Ch. Wunderly.

1974
Zweite Reise nach Israel mit Dr. Reimann.

1975
Aufenthalt in San Francisco und Reise durch die westlichen Staaten.

1977
Yachtfahrt durch die Aegäis.

1978
Das Haus in Tegna, das 1954 zur Finanzierung des Hauses in Zumikon dem Schwiegervater verkauft wurde und später lange gemeinsamer Familienbesitz war, geht wieder ganz an Walter Sautter über. Tegna ist ihm zur zweiten Heimat geworden.

1987
Kunstpreis der Gemeinde Zollikon.

1989
Jubiläumspreis 25 Jahre STEO-Stiftung.

1991
Walter Sautter stirbt am 12. Mai nach schwerer Krankheit.

Dank des Verlegers

Die Herausgabe des vorliegenden Buches wurde ermöglicht durch namhafte Beiträge der Steo-Stiftung, Zürich; Cassinelli-Vogel-Stiftung, Zürich; Stiftung Pro Helvetia, Zürich; Stiftung der Schweizerischen Landesaustellung 1939 für Kunst und Forschung, Zürich. Wir danken für diese Unterstützung wie auch allen, die durch Rat und Tat in irgendeiner Form zur Realisierung unseres Vorhabens beigetragen haben.

Feldmeilen, im Oktober 1978
Vontobel-Druck AG